航空機ファイナンスにおける担保制度統一の分析

ケープタウン条約の挑戦

佐藤育己 著
Sato Ikumi

法律文化社

はしがき

可動物件の国際担保権に関するケープタウン条約とその航空機議定書は、航空機のファイナンスやリースを促進する上で不可欠な国際統一担保制度の構築を目的とする多国間条約である。私法統一国際協会（UNIDROIT）が中心となって起草し、2001年11月に採択された。2015年12月6日現在、条約について69ヵ国が、議定書について60ヵ国が締約国となっている。しかし、日本は条約・議定書を批准していない。国際的な私法の調和および統一の潮流に対して、わが国の反応は極めて鈍い。国連国際商取引法委員会が起草し、1980年4月に採択された「国際物品売買契約に関する国際連合条約」については、約28年後の2008年7月に71番目の締約国となった。ハーグ国際私法会議が起草し、1980年10月に採択された「国際的な子の奪取の民事上の側面に関する条約」については、約33年後の2014年1月に91番目の締約国となった。そして今、ケープタウン条約・航空機議定書との関係でも、同じ経路をたどろうとしている。

ところが同条約・議定書は、非締約国であるはずの日本の取引実務にさえすでに多大な影響を及ぼしている。それは条約・議定書が、例えば航空機ファイナンス契約の締結時に債務者が締約国に所在してさえいれば、すべての締約国において適用されるためである（条約第3条1項）。このことは、日本所在の航空会社が条約・議定書に基づいて航空機購入の資金を調達できないのに対し、日本所在のリース会社や銀行は締約国所在の航空会社との間の取引において条約・議定書を利用できることを意味する。事実その目的のために、2012年12月時点でわが国に所在する97の取引主体や法律事務所等が、条約・議定書に基づいて設立された国際登録システム上にアカウントを開設し、諸権利の登録を行っている（本書第2章-Ⅳ-2-⑴を参照）。

これに対し日本での学術的な議論は、完全に出遅れた感が否めない。同条約・議定書が大きな成果を上げ、すでにわが国の産業界にも浸透している今日、本書の刊行目的は3つある。まず、航空機ファイナンスに革新をもたらしたコモンロー的性格の極めて強い規範および制度に関する体系的な説明を、わが国の法律学研究者と取引従事者に供することができる。本書が、実務が情報を必要とする領域における学術的な議論の空白を埋め、それによりわが国産業界の発展に資することを願う。また、従来、担保法分野での多国間条約の制定は比較法的に難事とされていた。そのため、この定説が同条約によって覆される過程は私法統一の歴史における転換点であり、その研究成果を刊行することは同条約の貴重な経験を今後発展的に応用するための前提を成す。日本の法律家がこの領域において法家族の違いを超えて双方向の法律論を展開する上で、本書が叩き台となれば幸いである。さらに、本書は、グローバルな市場の構築という現代社会に喫緊の課題において担保法がどのような役割を担い得るのか、その一端を解明する。したがって本書が、近時、特に法律学と経済学の間で進みつつある学際的対話に新たな可能性を提示し、その建設的な発展の一助となることを望む。

研究を進める過程では、条約・議定書関係者から多大なご厚意を賜った。特に、UNIDROIT の同条約・議定書担当 Senior Officer であった John Atwood 氏のご尽力のお陰で、2008年１月に UNIDROIT での調査が実現し、当時ウェブサイトでの公開が限られていた起草資料の大部分を入手し、ヒアリングを実施することができた。また Atwood 氏の紹介により、同年３月には同条約・議定書の起草責任者であるオックスフォード大学名誉教授の Roy Goode 先生にご自宅でインタビューする幸運に恵まれた。さらに2010年８月には国際登録システムを運営する Aviareto 社を訪問し、Managing Director の Rob Cowan 氏からシステムについて半日に渡りマンツーマンの授業を受けた。そして同条約・議定書のキーマンとなった Freshfields のコンサルタントである Jeffrey Wool 氏には、2012年４月にバンコクで、同年９月に東京でお会いし、さらに2013年９月にオックスフォード大学で開催された「ケープタウン条約学術プロジェクト」第２回会合において勉強の機会を頂いた。

加えて多くの日本人研究者からのご指導なくして、研究の完成はなかった。とりわけ、2001年11月にケープタウンで開催された外交会議に出席された小塚荘一郎先生（学習院大学法学部）には、大学院生の時期から１人の研究者としてご厚誼を賜っている。将来に展望を見出せなかった頃に小塚先生からそのように遇していただいたことは、研究継続の精神的支柱となっていた。また座主祥伸氏（関西大学経済学部）とは、本書第３章および第４章の基となった研究を共同で手がけた。世界に向けて研究成果を問うよう筆者の意識を変えたのは、座主氏である。さらに中野俊一郎先生（神戸大学大学院法学研究科）には、特に国際私法を鍛えていただいた。国際私法関連の箇所を執筆するにあたり読者として念頭に置くのは、中野先生である。最後に齋藤彰先生（神戸大学大学院法学研究科）は、大学院在籍時に指導教官として膨大な労力と時間を研究指導のために費やしてくださった。齋藤先生の勧めでケープタウン条約を研究テーマとし、齋藤先生との学問上の格闘を通して本研究は完成した。

本書は、2013年３月に神戸大学より博士（法学）を授与された学位論文を大幅に加筆修正したものであり、刊行に際し公益財団法人末延財団の平成27年度出版助成を受けた。ゲーム理論やポリティカル・エコノミーの手法を積極的に取り入れ分析を展開する本書は、裏を返せば伝統的な法解釈学の枠から大きく逸脱している。そのため、伝統ある同財団のピア・レビューを通過したことは、法律学の関係諸領域における本研究の意義および貢献に関する１つの保証となり、背中を押してもらった思いである。同財団および審査を通して懇切丁寧な講評をいただいた先生方に、この場を借りてお礼申し上げる。

最後に、本書の装丁のために虎の子である Mitsubishi Regional Jet の写真をご提供いただいた三菱航空機株式会社に感謝するとともに、出版を快諾していただいた法律文化社、特に数々の無理難題に誠実にご対応くださった編集部の小西英央氏と梶原有美子氏に謝意を表したい。

2016年１月３日

佐藤　育己

目　次

はじめに

ある経済学の入門書によれば、市場が効率的に機能するためには、(x)希少財に関する物権が明瞭に定義され、(y)低い費用で強制でき、かつ(z)円滑に譲渡できなければならないとされる。[1] 同書はさらに、「これらの諸条件の充足を保障する上で比較優位を有するのが、一般的には政府であると考えられている」と続ける。[2] 本書では、航空機の市場を取り上げる。そして近年におけるこの市場の国境を越えた急速な拡大と効率化の背景に、航空機の権利関係についてまさにこうした諸条件の充足を世界的規模で保障する多国間条約、いわゆる2001年ケープタウン条約・航空機議定書の存在があることを明らかにする。

しかし、その一方で本書では、同条約・議定書を通して実現した航空機市場の発展を、短絡的に政府の功績に結び付けることはしない。政府はこれまでこれらの条件の充足を航空産業に対して保障することに失敗してきたばかりか、率先してこれを犯すことさえあった。このような経験から導き出される教訓は、政府に多くを期待することはできないというものである。本書ではこの教訓を踏まえ、これら三条件の保障に関する政府の能力を前記入門書が一般的としている見解よりも低く設定する。そしてこの視座から、市場発展における法の機能についてその一端を解明することを目的とする。

具体的には、同条約・議定書が創造した国際統一担保制度を素材として、互いに関連する以下の課題群を考察する。

課題１　上記(x)から(z)までの条件は、法によってどのように体現されうるのであろうか？

1）Roger Miller, Daniel Benjamin and Douglass North, *The Economics of Public Issues* (17th ed.) 161 (2011). なお、同書（16th ed.）の邦訳として、赤羽隆夫訳『経済学で現代社会を読む』（日本経済新聞社、改訂新版、2010）がある。

2）Miller et al. 2011, *supra* note 1, p. 161.

課題２　市場化を加速させる法制度の発展は、何が原動力となって引き起こされるのであろうか？　また、どのような環境下で生成するのであろうか？

課題３　どのようにすれば、国家を上記条件の保障にコミットさせることができるのであろうか？　各国による上記条件の保障を保障するために、どのようなメタ制度が必要とされるのであろうか？

課題１の探求と限りなく近い問題意識に基づく研究は、わが国でも同条約・議定書の採択後・発効前の時期に小塚2003により試みられている。同論文は、同条約・議定書の設計理念である①権利関係の透明性、②権利実行の迅速性および③倒産時の実行可能性を体現する諸規定について、その意義を日本法との比較において明らかにする[3)]。そして①と③における条約と日本法との相違を指摘し、金融を促進するために権利設定から倒産時の権利行使まで政策的に一貫した制度の必要性を示唆する[4)]。このように同論文は、上記(x)から(z)までの条件と共通点を持つ①から③までの理念を手掛かりに、日本国内での資産担保金融の有効な実現のために必要な制度的条件を探求する。これに対し、本書の関心はむしろ１つの法システムを越えて市場化に関する三条件の充足が要請される局面にある。国際的局面で法はどのような内容、形式および構造をもってこの要請に応えることができるのであろうか？　本書では、この問いに対して１つの答えを提示することを目指す。

課題１は、**第１章**と**第２章**で扱われる。**第１章**では、条件(y)物権の低費用での強制可能性の観点から、同条約・議定書における担保権の実行制度を検証する。そこでは、国際的な局面で有効に機能しうる唯一の実行形態である私的実行を中核とし、それを強力に後援するために諸制度が周到に配置され、さらには国際裁判管轄が巧妙に応用されていることが明らかになる。また**第２章**では、条件(x)物権の明瞭な定義付けと条件(z)物権の円滑な譲渡可能性の観点か

3）　小塚荘一郎「資産担保金融の制度的条件：可動物件担保に関するケープタウン条約を素材として」上智法学論集46巻３号43頁以下（2003）。

4）　小塚2003・前掲（注３）76-77頁。

ら、権利変動の公示・対抗制度を検討する。そこでは、1948年ジュネーブ条約を比較の対象とし、ジュネーブ条約とケープタウン条約の下での航空機レバレッジド・リースの組成に伴う取引費用の相違に着目して、条件(x)および(z)を充足する上での抵触法統一の限界と実質法統一の潜在性について論じる。

次に課題2に対する本書のアプローチは、Gopalan 2004, 2008の研究の影響を受けている。Gopalan 2008は、国際商事法の形式と内容が受益者の選好と政治力に依存すると主張し、この分野における法形成の主役に国家ではなく経済主体を据え、この角度から私法統一の理論枠組みの再構成を図る。[5)] この理論によれば、ケープタウン条約・航空機議定書については、①法を強制する上での国家の必要性と②受益者の統合度がともに高かったために、拘束力の強い（deep commitments）条約形式が採用されたと説明される。[6)] またGopalan 2004は、私法調和プロジェクトが当事者自治の尊重（すなわち、国際商事法による規律からの抜け穴の確保）と競合する諸利益の衡平の実現という対照的な政策の狭間で身動きが取れなくなってしまう原因を、起草者が規範としての最善の解決を強いることの費用（すなわち、既存の取引慣行を変えることの費用）を認識していることに求める。[7)] そしてこの点を克服するには、産業界による起草過程への積極的関与が是非とも必要であると主張する。[8)] ケープタウン条約においては起草初期にこれが実現し、商事的に最善の解決の探求を許される環境が人為的に形成された。本書では、起草から運用までのあらゆる段階で連続的に確認される受益者達の動きに着目し、同条約・議定書の発展過程を描く。

このようにして課題2に対しては、まず**第1章**において、受益者達の動きの政治経済学的な整理を通してアプローチが試みられる。ここでは、条約形式に内在する私法統一上の戦略的価値の受益者による積極的な発見と応用が、担保法分野での多国間条約の制定は難事という従来の定説を覆す原動力となったことを示す。また、この成果を踏まえて**第3章**では、同条約の起草過程を受

5） Sandeep Gopalan, “A Demandeur-Centric Approach to Regime Design in Transnational Commercial Law,” 39 *Georgetown Journal of International Law* 327 (2008).

6） Gopalan 2008, *supra* note 5, pp. 348-349, 380.

7） Sandeep Gopalan, *Transnational Commercial Law* 211-213 (2004).

8） Gopalan 2004, *supra* note 7, pp. 211-213.

益者の要望と国家の要望の間の葛藤と和解のドラマとして構成し直し、ゲーム理論を使って私法統一の歴史の転換点で生じた力学構造を分析する。この２つのアプローチにより、同条約の経験を今後発展的に応用するための手掛かりを供する。

最後に課題３は、発展途上国のカントリー・リスクが航空機担保権の円滑な実行を達成する上で長年にわたり実務家を悩ませてきたことに起因する。この問題に対する取り組みとして、OECD により運用されているケープタウン条約割引制度が挙げられる。**第１章**では、この割引制度の概観を示すとともに、締約国による条約の遵守状況を効果的にモニタリングし、違反に対して制裁を付与するメカニズムが巧妙に組み込まれていることを明らかにする。さらに**第４章**では、カントリー・リスクを経済学でいう「時間非整合性」の問題と置き換え、ゲーム理論を用いて締約国による条約の遵守を促進する上での同割引制度の効果を予想する。

以上の考察を通して本書は、グローバルな市場の形成という現代社会に喫緊の要請に対する法の役割について一例を示す。最後に結論をまとめ、ケープタウン条約・航空機議定書をめぐる近時の動向を紹介して終える。

第**1**章

国家を組み込んだゲームのルール確立の軌跡[1]

Ⅰ　導　入

私法の国際統一は、1980年代に条約という法形式からの離脱を果たすことで大きく前進する。モデル法、契約ガイド、契約原則等の法形式は、多国間条約の場合には避けて通ることのできない国家の合意の探り合いを前提とする成立手続を不要にすることで、法律家コミュニティが伸びやかに取引正義を反映した法規範を設計することを可能にした[2]。このうち、例えば1994年に私法統一国際協会（International Institute for the Unification of Private Law, UNIDROIT）が公表した国際商事契約原則（Principles of International Commercial Contracts）は、その法規範についての高い信頼性と評判に基づいて、様々な形で取引や紛争解決の実務へと浸透しており、実定法としての地位を有さないにもかかわらず現実的な支配力を有するまでに至っている[3]。このように、成立手続から国家を排除することを可能にする立法技術の進化が、徐々にではあるが着実にlex mercatoriaのための地歩を提供しつつある。

その一方で近年、むしろ条約形式の中に私法統一を進める上での戦略的価値を見出し、条約以外の形式では実現が困難な国家を組み込んだ取引秩序（ゲームのルール）の構築を目指す動きが見られる。この動きを代表する条約として、ケープタウン条約が挙げられる。条約形式に内包される長所の発見と応用は、

1）　この章は、齋藤彰＝佐藤育己「国際的な私法統一条約をめぐる幻想と現実：ケープタウン条約航空機議定書とウィーン売買条約の起草過程を素材として」国際商取引学会年報12号１頁以下（2010）のうち、筆者の単著部分（5-25頁）の成果に依拠する。

2）　齋藤彰「国際的な私法統一の新たな展開：立法的技術革新の視点から」関西大学法学論集51巻２＝３号48-55頁（2001）を参照。

3）　齋藤2001・前掲（注２）50-55頁。

同条約の起草から運用までのあらゆる段階で連続的に確認される受益者の積極的関与を通して行われた。本稿では、同条約の発展過程で顕在化した受益者の動きに焦点を当て、条約形式による私法統一の潜在性について一考察を試みる。[4)]

ここでケープタウン条約について簡単に紹介しよう。この条約は、UNIDROIT が中心となって起草を進め、2001年11月にケープタウンで開催された外交会議で採択された。その目的は、高額可動物件ファイナンスの効率的な促進を図る上で不可欠となる国際統一担保制度の構築にある。[5)] 正式名称を「可動物件の国際担保権に関する条約（Convention on International Interests in Mobile Equipment)」という。[6)] 2006年３月に発効し、2014年９月23日現在、アメリカやEU を含む62ヵ国が締約国となっているが、日本は批准していない。[7)]

条約の適用対象となる物件として現時点では、(a)航空機機体、航空用エンジンおよびヘリコプター、(b)鉄道車両、そして(c)宇宙資産が予定されており、物

4） このような角度から私法統一の理論枠組みを再構成する試みとして、Sandeep Gopalan, "A Demandeur-Centric Approach to Regime Design in Transnational Commercial Law," 39 *Georgetown Journal of International Law* 327（2008）がある。Gopalan 2008は、法デザインの変数として、特に①法の強制における国家の必要性と②受益者の統合度に着目し、これらの組み合わせによって選択される法の特徴を具体例とともに提示する。また、海事法の領域で、かつて純粋な私的団体である万国海法会（Comite Maritime International, CMI）が多国間条約の作成を主導していたことに言及するものとして、藤田友敬「国際商取引における規範形成：万国海法会を例として」ソフトロー研究 12号107頁以下（2008）がある。ただし藤田2008は、2008年に採択された「その全部又は一部が海上運送である国際物品運送契約に関する国連条約（United Nations Convention on Contracts for the International Carriage of Goods Wholly or Partly by Sea)」の作成過程に関するケース・スタディに基づき、CMI における原案の起草段階と UNCITRAL におけるその後の作成段階の間に実質的な相違がほとんど見られないと結論付けた上で、国際商取引に関するルールメイキングをめぐる私的団体と国際機関の差異が相対化していることを示唆する（113、118頁）。

5） ケープタウン条約前文。

6） 本条約の全訳として、増田晋＝垣内純子「可動物件の国際的権益に関する条約および航空機議定書の概要と仮訳」国際商事法務30巻７号921頁～32巻６号819頁（2002～2004）および小塚荘一郎＝佐藤育己監訳「可動物件の国際担保権に関する条約」（2014）〈http://www.ctcap.org/〉（Repository＞Operative Legal Texts＞The Convention より入手可。2015年９月３日閲覧）がある。本書は後者に依った。

7） 以下、UNIDROIT が寄託機関を務める条約の採択日、発効日、締約国数等の基本データについては、〈http://www.unidroit.org/news〉（2015年９月３日閲覧）を参照。

件ごとに議定書が準備される。[8] このうち、いわゆる航空機議定書は条約と同時に採択・発効している。[9] 締約国は56ヵ国であるが、日本は批准していない。鉄道車両議定書は2007年２月にルクセンブルクで採択され、[10] 宇宙資産議定書は2012年３月にベルリンで採択されたが、[11] いずれも発効していない。条約と議定書は単一の文書として読まれる。[12] 本稿では、ケープタウン条約と航空機議定書が創出する航空機ファイナンスに特化した国際統一担保制度について考察を進める。

この担保制度は、担保権者、所有権留保売主およびレッサーの利益を表象する「国際担保権（International Interest）」という独自の法概念を中心に構成されている。[13] 国際担保権の成立、効力、順位、譲渡、消滅、実行等に関する一連の規定が配置されているにとどまらず、その得喪変更を公示するために物件ごとに国際登録簿が設立される。[14] 国際登録簿において競合関係にある各種権利の情報を一元的に管理するために、条約の射程圏は極めて広範に設定されている。第１に、国際担保権を成立させる契約の締結時に債務者が締約国に所在していれば、全締約国において適用されることになる。[15] その一方で債権者の所在地に

8）ケープタウン条約第２条３項。

9）正式名称を「航空機に固有の事項に関する可動物件の国際担保権に関する条約の議定書（Protocol to the Convention on International Interests in Mobile Equipment on Matters Specific to Aircraft Equipment）」という。本議定書の全訳として、増田＝垣内2002～2004・前掲（注６）および小塚荘一郎＝佐藤育己監訳「航空機の固有の事項に関する可動物件の国際担保権に関する条約の議定書」(2014)〈http://www.ctcap.org/〉(Repository ＞ Operative Legal Texts ＞ Protocols より入手可。2015年９月３日閲覧）がある。本書は後者に依った。

10）正式名称を「鉄道車輌に固有の事項に関する可動物件の国際担保権に関する条約のルクセンブルク議定書（Luxembourg Protocol to the Convention on International Interests in Mobile Equipment on Matters specific to Railway Rolling Stock）」という。

11）正式名称を「宇宙資産に固有の事項に関する可動物件の国際担保権に関する条約の議定書(Protocol to the Convention on International Interests in Mobile Equipment on Matters Specific to Space Assets)」という。本議定書の試訳として、JAXA 法務課＝小塚荘一郎訳「宇宙資産に固有の事項に関する可動物件の国際担保権に関する条約の議定書」(2014)〈http://www.ctcap.org/〉(2015年９月３日閲覧）がある。

12）ケープタウン条約第６条１項。

13）ケープタウン条約第２条。

14）ケープタウン条約第16条２項。

15）ケープタウン条約第３条１項。

ついては、同条約の適用に何ら影響を及ぼさないことが明文で確認されている。[16] このことは、非締約国である日本所在の航空会社が本条約に基づいて航空機購入の資金を調達できないのに対し、日本所在の金融機関等は締約国所在の航空会社向け航空機ファイナンスにおいて条約の適用を受けることを意味する。第2に、航空機議定書において、適用対象となる取引の範囲が売買へも拡大されている結果、売主が締約国に所在する場合にも適用される。[17] 第3に、航空機機体やヘリコプターについては、締約国の国籍を有する場合にも適用される。[18] このような適用条件を考慮するならば、非締約国であるわが国においても同条約の研究意義は大きいと思われる。

本章の構成は次の通りである。Ⅱでは、ケープタウン条約の起草過程において条約形式の長所の発見がどのような経緯でもたらされたのかを明らかにする。Ⅲでは、条約形式の長所が国際統一担保制度の設計にどのような形で応用されているのかを検討する。Ⅳでは、条約形式の短所を克服するためにどのような方策が講じられ、それらがどの程度功を奏しているのかを考察する。そしてⅤにおいて、以上の考察を通して得られた政策的含意をまとめることにする。

Ⅱ　受益者主導による統一私法条約の起草

ここでは、ケープタウン条約の起草過程において条約形式による私法統一の長所の発見がどのような経緯でもたらされたのかを考察する。この発見は、従来の条約起草方針からの離脱によってもたらされることになる。そこでまず1では、統一私法条約の成立手続を概説し、その手続の特徴が遡及的に起草方針に与える影響を過去のプロジェクトを例に引きつつ考察する。続いて2では、ケープタウン条約の起草方針が従来のそれから離脱するきっかけとなった出来事、すなわち受益者の組織化について言及し、統合された受益者の圧力の下で

16)　ケープタウン条約第3条2項。

17)　航空機議定書第III条。

18)　航空機議定書第IV条1項。

どのような起草方針が採用されるに至ったのかを述べる。そして3では、そのような起草方針がユニークな起草構造に具現化するまでの経緯を述べる。

1　条約形式による私法統一の特徴と問題点

条約形式による私法統一の特徴は、その実現のために国家の支持を必要とする点にある。UNIDROIT 等の国際組織によって準備される条約草案が「国家間で締結される国際合意」[19]として発効するまでには、2つの局面で国家の意思決定が介在する。第1は、外交会議での条約正文の採択をめぐってなされる意思決定である。ここでは、条約草案を基に政府代表者の間で条約内容について交渉がなされ、投票国の3分の2以上の多数決で条約正文が採択される[20]。第2は、そのようにして採択された条約の批准をめぐってなされる意思決定である。批准は当該条約に拘束されることへの国家の同意を表し[21]、所定の批准数に達してはじめて条約は締約国間で効力を発することになる。

このように、条約の成立手続における主役は国家である。今日の国際社会における錯綜した国家間の利害関係はこのような成立手続に反映し、条約形式での私法統一の限界を露呈させている。まず外交会議の局面では、自国の利害をめぐって国家間で繰り広げられる交渉過程から妥協を引き出して条約文の採択にこぎ着けるために、条約草案の合意困難な規定に「柔軟性」を持たせるための処理が施されることになる[22]。これは技術的には、そのような事項について、①条約の対象から外したり、②解釈を棚上げにしたり、③一般条項を挿入したり、④私的自治の範囲にしたり、あるいは⑤締約国に留保を認めるという形で行われてきた[23]。こうした処理は、柔軟性と引換えに法規範の具体性を犠牲にするものであり、さらには条約全体の論理的整合性を損なう危険性さえあること

---

19)　条約法に関するウィーン条約（Vienna Convention on the Law of Treaties）第2条1項a号。

20)　条約法に関するウィーン条約第9条2項。

21)　条約法に関するウィーン条約第2条1項b号。

22)　Marco Torsello, *Common Features of Uniform Commercial Law Conventions: A Comparative Study Beyond the 1980 Uniform Sales Law* 212-213 (2004).

23)　Torsello 2004, *supra* note 22, pp. 212-213.

が指摘されている。[24]

さらに批准についても、多くの条約がその獲得に難航している。巻末の別表は、UNIDROITと国連国際商取引法委員会（United Nations Commission on International Trade Law, UNCITRAL）が寄託を担当するすべての条約について、批准状況をまとめたものである。このうち30を上回る締約国数の獲得に成功しているのは6つの条約にとどまり、未だ発効していない条約も散見される。そして、今日では日本を含め80を超える国が批准している「国際物品売買契約に関する国際連合条約（United Nations Convention on Contracts for the International Sale of Goods, CISG）」でさえ採択から7年が経過しても発効しなかったように、条約形式による私法統一の実現には上々の場合でさえ多くの年月を必要とすることが分かる。

以上のような成立手続の特徴はさらに、条約草案の起草方針にも遡及的に影響を及ぼしてきた。ここでは動産担保の分野から2つの例を引こう。最初の例は、国際民間航空機関（International Civil Aviation Organization, ICAO）が草案の準備を担当し、1948年にジュネーブで採択された「航空機の権利の国際承認に関する条約（Convention on the International Recognition of Rights in Aircraft）」（2010年2月3日現在、締約国は89ヵ国）である。名称が示すとおり同条約は、外国航空機に設定された担保権等の承認要件を国際的に統一することを目的とする。[25]起草段階で統一実質法の構想が廃棄されるに至った理由の1つとして、起草者の1人は国家間での法制度の著しい相違を挙げている。[26]それによると、当時アメリカではすでに鉄道ファイナンスを応用した高度に洗練された航空機ファイナンス実務が展開していたのに対して、イングランドを含むほとんどの国では未だ航空機担保法の整備すらされていないという段階にあった。[27]そして、フランスやイタリアそして南米の一部の国では航空機担保法が制定されていたが、

24）曽野和明「変容した国際社会と条約至上主義への疑問：新モデルを求めるUNCITRAL」国際法外交雑誌84巻6号6頁（1986）を参照。

25）航空機の権利の国際承認に関する条約第1条。

26）R. O. Wilberforce, “The International Recognition of Rights in Aircraft,” 2 *International Law Quarterly* 421, p. 423 (1948).

27）Wilberforce 1948, *supra* note 26, p. 423.

それらはそれぞれの法システムに固有のものであったとされる。[28] このような状況の下で同条約の起草者たちは、ひとまず各国に自国の航空機担保法制のあり方を模索することを認め、その上でそうした航空機担保の有効性が外国において否定されることを防ぐ国際的な枠組みの構築を目指すことになったのである。[29] また、ある時期まで草案には、締約国に対して登録簿の維持を義務付ける一連の強行規定が挿入されていた。[30] しかし、むやみに国内問題に立ち入ることは望ましくないとの判断から、そうした強行規定は外されることになった。[31]

2例目は、1970年代にUNCITRALで進められた動産担保法の国際統一プロジェクトである。[32] 同事務局の要請を受けて1977年に提出された研究報告書の中で、Ulrich Drobnigは担保法分野での条約形式による国際立法は妥当しないという結論を出している。[33] その理由として、国家間での制度的偏差が大きい当該分野において、外交会議への十分な支持を各国政府から取り付けることは困難であり、仮に条約が採択されたとしても批准の獲得には難航することが予想される点を挙げている。[34] この勧告後も作業は継続されたが、1980年に遂に同プロジェクトの全面凍結が決定された。[35]

この2つの例は、条約草案の起草者たちがどれほど評価者としての国家の目を意識しているかを物語っている。このような意識が、条約草案の起草方針についての2つの特徴を形成してきた。第1は、起草者が既存の国家法との抵触およびそれへの介入を回避する傾向にあることである。1948年ジュネーブ条約

28） Wilberforce 1948, *supra* note 26, p. 423.

29） Wilberforce 1948, *supra* note 26, p. 423.

30） G. Nathan Calkins Jr., "Creation and International Recognition of Title and Security Rights in Aircraft," 15 *Journal of Air Law & Commerce* 156, p. 165 (1948).

31） Calkins Jr. 1948, *supra* note 30, p. 165.

32） このプロジェクトについては、早川眞一郎「国際取引と担保」国際法学会編『国際取引（日本と国際法の100年第7巻）』82頁（三省堂、2001）でも概説されている。

33） UNCITRAL, "Report of the Secretary-General: Study on Security Interests (A/CN. 9/131)," 8 *Yearbook of the United Nations Commission on International Trade Law* 171, p. 218 (1977).

34） UNCITRAL 1977, *supra* note 33, p. 218.

35） UNCITRAL, "Report of the United Nations Commission on International Trade Law on the Work of its Thirteenth Session (New York, 14-25 July 1980) (A/35/17)," 11 *Yearbook of the United Nations Commission on International Trade Law* 7, pp. 10-11 (1980).

等の承認型条約やCISG等の万民法型統一法はこの特徴を具現化したものといえよう。そして第2は、統一私法を起草する上で比較法が重視される傾向にあることである。多くの私法統一プロジェクトにおいて世界的に著名な比較法学者が起草責任者を務めたことが、その論拠となろう。2では、この2つの特徴を持つ従来の起草方針が、ケープタウン条約の起草過程においてどのように変異していくのかを見ることにする。

2　経路からの離脱：受益者の組織化

可動物件に関する国際統一担保制度の構想は、オタワでの国際ファイナンス・リース条約[36)]採択（1988年5月28日）直後の同年6月に、UNIDROIT運営評議会（Governing Council）のカナダ人委員T. B. Smithが提案したことに端を発する[37)]。国際ファイナンス・リース条約第7条は、レッサーがリース物件上に有する物権について、部分的に対抗力を肯定し[38)]、その前提となる公示の準拠法を規定する。Smithの提案からは、彼がこのような規定を含む多国間条約の採択を目の当たりにして、動産担保法分野での私法統一に手応えを得たことが窺える[39)]。そして、国際ファイナンス・リース条約に続く第2弾の検討を提案したのであった[40)]。同年10月のSmithの死後[41)]、その意志は同評議会の英国人委員Roy Goodeが議長を務める作業部会に引き継がれることになった[42)]。

36）　正式名称を「国際ファイナンス・リースに関するユニドロワ条約（UNIDROIT Convention on International Financial Leasing)」という。1995年5月1日に発効し、2014年10月10日現在、10ヵ国が締約国となっている。日本は批准していない。この条約の全訳として、原優「国際ファイナンス・リースおよび国際ファンタリングに関するユニドロワ条約の採択〔上〕」NBL407号6頁以下（1988）がある。

37）　UNIDROIT 1988 C. D. 67-Doc. 18（Or.: English）pp. 52-57.

38）　国際ファイナンス・リース条約上、レッサーは物件上に有する物権をレッシーの破産管財人と一般債権者に対抗できる一方で、担保権者と一定の差押債権者等には対抗できない（第7条1項および5項）。

39）　UNIDROIT 1988 C. D. 67-Doc. 18（Or.: English）pp. 52-53.

40）　Smithは正確には本構想を、国際ファイナンス・リース条約のみならず1948年ジュネーブ条約の系統にも位置付けている（UNIDROIT 1988 C. D. 67-Doc. 18（Or.: English）p. 53）。

41）　Kenneth G C Reid, "While One Hundred Remain: T B Smith and the Progress of Scots Law," In: Elspeth Christie Reid and David Carey Miller（Eds.）, *A Mixed Legal System in Transition: T. B. Smith and the Progress of Scots Law* 1, p. 28（2005）.

ケープタウン条約は国際ファイナンス・リース条約の後継として提案されたにもかかわらず、その起草方針まで継承したわけではなかった。従来の起草方針からの乖離が始まるのは、当時 Perkins Coie LLP のパートナーであった Jeffrey Wool のプロジェクト参画後のことである。Wool の関与は、航空機ファイナンス業界の要望を把握するために作業部会小委員会第１回会合（1994年２月開催）に特別ゲストとして招聘されたことに始まる[43]。続く第２回会合（同年11月開催）では、航空産業の代表的見解を取り纏めたメモランダムの作成を要請される[44]。ここで興味深い点は、それと並行して Goode が Wool に対し受益者の組織化を要請し、そのようなメモランダムの作成作業を受益者団体の後援の下で行わせたことである[45]。こうして当時起草途上であったケープタウン条約の発展に資することを目的として、航空産業作業部会（Aviation Working Group, AWG）が発足した[46]。AWG のメンバーは、発足当初こそエアバスとボーイングの２社のみであったが、両社の積極的な勧誘活動によって暫時拡大していった[47]。このような経緯を経て1995年５月に提出されたメモランダムには両航空機メーカーに加え、インドスエズ銀行、GE エアクラフト・エンジンズ、インターナショナル・リース・フィナンス、ドイツ復興金融公庫、マクドネル・ダグラス、プラット・アンド・ホイットニー、ロールス・ロイス、スネクマおよび日本長期信用銀行の計11社が名を連ねた[48]。このメモランダムは起草者たち

42） UNIDROIT 1992 Study LXXII-Doc. 5 p. 1.

43） UNIDROIT 1994 Study LXXII-Doc. 12 p. 2.

44） UNIDROIT 1995 Study LXXII-Doc. 15 p. 9.

45） Roy Goode, *Official Commentary on the Convention on International Interests in Mobile Equipment and the Protocol thereto on Matters Specific to Aircraft Equipment* (3rd ed.) par. 1.2 (2013) [hereinafter O. C. 2013].

46） 〈http://www.awg.aero/inside/purpose/〉（2014年11月８日閲覧）。同ウェブサイトによると AWG は、このようにして1994年にアド・ホックの産業団体として組織化された。しかし、ケープタウン条約・航空機議定書採択後の2002年にバミューダ法に基づく非営利法人となり、むしろ活動範囲を拡大させている。その範囲はケープタウン条約、バーゼル II、保険及び賠償責任、契約慣行、輸出信用規則、会計規則、航空法及び空港使用料、国際的な移転に影響を与える航空機の技術的要件、環境問題等に及ぶ。現在のメンバーは29社である（以上、〈http://www.awg.aero/inside/purpose/〉（2014年11月８日閲覧）を参照）。

47） 〈http://www.awg.aero/inside/purpose/〉 (visited November 8, 2014).

48） UNIDROIT 1995 Study LXXII-Doc. 16 pp. 33-34.

に、各可動物件に固有の規定を設ける必要性を強く印象付けた[49]。その結果、第3回会合（1995年10月開催）では、Woolを「国際航空機ファイナンスに関する作業部会エキスパート・コンサルタント」に任命し、その資格において引き続きAWGとの連携を保ちつつ航空機および航空機エンジンに固有の規定の起草にあたらせる旨の決議がなされた[50]。このような経緯で、受益者主導による条約草案起草の下地が出来上がったのである。

こうした起草過程の初期段階における受益者の統合は、その集約された圧力の下で、本条約の起草方針を従来の経路から離脱させていくことになった。例えばGoodeは、統一私法の起草方針のあり方について次のような見解を示している[51]。

> 法の調和プロジェクトの目的が、多様な法システム間の最小共通項を表したテクストを作成すること——無益な事業——ではなく、解決を迫られている諸問題に最良の解決策を提供することであるということを常に肝に命じておく必要がある。そしてそのような最良の解決策を探求する作業は、世界中のすべての法家族にまったく均等に影響を及ぼすことを保障するような試みとは一線を画されるべきである。

そして、そのために「学術的議論は、現実とビジネスの要請に道を譲るべきである[52]」とまで言い切っている。この表明の中に、起草方針に関する２つの決意を見て取ることができる。第１は、本プロジェクトでは条約草案評価者としての国家の地位を相対化し、産業界のニーズを正面に据えることである。そして第２に、各産業界で発展を遂げた契約による取引構造を条約化するために、起草過程における比較法の役割を相対化し、産業界の積極的な関与を要請することである。つまり、比較法を応用して直線的に私法統一を目指すのではなく、受益者効用の満足化を通して間接的に締約国の増加を目指すという起草方針が

49）UNIDROIT 1995 Study LXXII-Doc. 21 p. 13.

50）UNIDROIT 1995 Study LXXII-Doc. 21 p. 13.

51）Roy Goode, "The Preliminary Draft UNIDROIT Convention on International Interests in Mobile Equipment: The Next Stage," [1999] *Uniform Law Review* 265, p. 297.

52）Roy Goode, "The Protection of Interests in Movables in Transnational Commercial Law," [1998] *Uniform Law Review* 453, p. 461.

採られるに至るのである。このような起草方針の転換は、理念上確認されるにとどまらず、具体的な起草構造として現れることになる。次にこれを検討する。

3　集団的な（collective）交渉テーブルの創出：二元構造の採用

こうして各物件に固有の規定を準備する必要性が認識された結果、条約の構造を全可動物件に適用される総則部分と各物件のみを規律の対象とする各則部分に分割し、後者については産業界の積極的関与の下に起草作業を推進するという方針が採られることになる[53]。この起草方針に沿い、各則の準備のために、航空以外の産業分野での受益者の組織化と関係諸機関への参画の打診が開始された[54]。しかし、この段階で起草作業はあるジレンマに陥った。それは、各則部分の起草作業には産業界の関与が不可欠となるが、それにもかかわらず産業セクター間で激しい温度差が見られたためである。例えば船舶については、万国海法会（Comité Maritime International, CMI）が、航空分野でAWGが果たした役割を引き受けることに同意し、活動を開始した矢先に、国連貿易開発会議（United Nations Conference on Trade and Development, UNCTAD）と国際海事機関（International Maritime Organization, IMO）から船舶を対象から除外するようUNIDROITに対し正式に申し入れがなされた[55]。UNCTADとIMOが船舶の除外を申し入れた背景には、第１に1993年にジュネーブで採択された「海上先取特権および抵当権に関する国際条約（International Convention on Maritime Liens and Mortgages)」の適用範囲に抵触することへの懸念が、第２に船舶に関する国際ルール策定の縄張りが荒らされることへの懸念があったと考えられる[56]。こうした状況下で、当時対象物件として予定されていた航空機、航空機エンジン、鉄道車両、宇宙衛星、油田掘削装置および一部の船舶のすべてについて、固有の各則が出揃うまでにどれだけの時間がかかるのかまったく見通しが

53）UNIDROIT 1995 Study LXXII-Doc. 21 p. 13.
54）UNIDROIT 1996 Study LXXII-Doc. 27 p. 52.
55）UNIDROIT 1996 Study LXXII-Doc. 29 p. 1.
56）UNIDROIT 1996 Study LXXII-Doc. 29 p. 1.

立たなくなってしまう[57]。しかしだからといって、この問題への対応策として対象物件の範囲を限定する措置を採る場合には、起草作業が進捗していない物件については条約の対象に含める機会が永遠に失われてしまうことになる[58]。このような行き詰まりの中で、作業が進捗していない他の物件とのリンクを弱めることにより航空機物件に関するルールの策定のみを前進させる目的でAWGと国際航空運送協会（International Air Transport Association, IATA）から提案されたものこそ、二元構造アプローチ（dual instrument approach）であった[59]。

「気候変動に関する国際連合枠組条約（United Nations Framework Convention on Climate Change)」で採用されているこのアプローチの特徴は、基幹をなす条約とともに、それを補完しそれと一体となって機能する議定書の策定が予定されていることである[60]。同枠組条約の下で、1997年には京都議定書が採択された。そして2014年12月にはリマで同枠組条約第20回締約国会議（COP 20）が開催され、2020年以降の地球温暖化対策をめぐり締約国間で白熱した議論が展開されたことは記憶に新しい。このことから明らかなように二元構造は、議定書というサブシステムの事後的な発展を通して、通時的にシステム全体を改訂することを可能にする[61]。AWGとIATAの提案はこれを応用して、条約の構造を本体条約と議定書に分離した上で、前者には全可動物件に共通する規定を、

57） Lorne S. Clark, "The 2001 Cape Town Convention on International Interests in Mobile Equipment and Aircraft Equipment Protocol: Internationalising Assed-Based Financing Principles for the Acquisition of Aircraft and Engines," 69 *Journal of Air Law & Commerce* 3, p. 4 (2004).

58） Goode 1999, *supra* note 51, p. 270.

59） UNIDROIT 1996 Study LXXII-Doc. 32 pp. 1-2. また、Clark 2004, *supra* note 57, p. 5も参照。

60） 気候変動に関する国際連合枠組条約第17条。

61） 二元構造は、各則の必要性のために複雑化した起草作業を、一定の連結ルールに基づいて独立に設計されうる半自律的なサブシステムに分解したという意味で、一種のモジュール化であると言えよう（青木昌彦「産業アーキテクチャのモジュール化：理論的イントロダクション」青木昌彦＝安藤晴彦編『モジュール化：新しい産業アーキテクチャの本質』5－6頁（東洋経済新報社、2002）を参照)。こうした二元構造に期待される機能は各物件について独立した条約を準備するstand-aloneアプローチによっても達成されそうであり、事実この点は起草過程において検討された。しかし、二元構造と比較した場合のstand-aloneアプローチの短所としては、例えば特定の物件に固有ではない事項についてさえ条約間（すなわち物件間）で溝が生じることが挙げられる（Goode 1999, *supra* note 51, p. 271)。

後者には各物件に固有の規定を配置するというものであった。それによって起草作業が完了した議定書から逐次、本体条約に編入していくことが期待されたのである（図表1-1参照）[62]。この結果、本体条約と議定書の間には次のような関係が成り立つ。第1に、本体条約は議定書が発効しない限り各種物件には適用されない[63]。そして第2に、本体条約と議定書との間に齟齬がある場合には議定書が優位するという関係である[64]。

図表1-1　二元構造

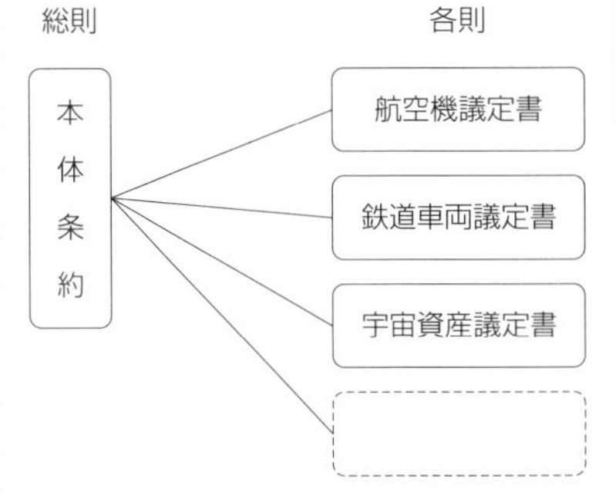

さらにAWGとIATAは、二元構造の提案と併せて、サブシステムの運営と設計の受益者への委託を要望した[65]。この要望に沿って、議定書の予備草案の準備を担当する部会が物件ごとに設立されることになる。航空機議定書部会について言えば、AWG, IATA、そして既存の航空法規との整合性を図るために招聘されたICAOの三者によって構成され、AWGの代表者であるWoolが議長を務めた[66]。こうして、将来の条約ユーザーである受益者たちのために、その間の交渉を通して市場効率性を設計するためのテーブルが用意されたのである。この席に着いたAWGとIATAは、次の表明を通して制度設計の構想を提示している[67]。

62）現在、第4の議定書として、農業用・建設用・採鉱用設備に関するものが議論されている〈http://www.unidroit.org/work-in-progress-studies/current-studies/mac-protocol〉（2015年11月17日閲覧）。

63）ケープタウン条約第49条。

64）ケープタウン条約第6条2項。

65）UNIDROIT 1996 Study LXXII-Doc. 32 pp. 2-3.

66）例えば、UNIDROIT 1997 Study LXXII-Doc. 36 Add. 3 Annex 1（APG 1997 Doc. 7）p. i を参照。なお、ICAOについては、1990年代始めにUNIDROITからの条約起草作業への参加の打診をそれが航空法ではないとの理由で断ったが、航空機議定書に関するUNIDROITの再度の申し入れには関心を示し、航空機議定書部会の一員となったという経緯がある（Clark 2004, *supra* note 57, p. 5）。

67）UNIDROIT 1997 Study LXXII-Doc. 32 Add. 2 p. 2.

資産を担保とする金融の根幹を成す原理とは、低い利息や賃料と引換えに、デフォルト発生時の担保権者やレッサーによる迅速な対象物件の占有回復を可能にし、貸付けの場合にはさらに、迅速な対象物件の換価を可能にすることである。……私たちの最大の関心事は、締約国に対してこの基本原理を体現した諸規則を選択する機会を保障し、それによって、来る空前の航空機需要に際して、締約国の取引当事者が国際的な資産担保金融の恩恵をより多く被るようにすることにある。

このような起草方針の下に、国際的な局面で有効に機能しうる唯一の担保権実行の形態―私的実行―を中核とする諸制度が設計されることになる。

Ⅲ　私的実行を中核とする担保制度の建設

私的実行は、強制競売の場合に裁判所に支払う諸経費を不要にするだけでなく、非効率な司法制度を回避することで迅速な優先弁済権の実現を可能にする潜在性を秘めている。後の点は、目的物が航空機のように時間の経過により価値の減少を招きやすい場合には特に重要であり、高額換価の源泉となる[68]。債務者の側から見ると、これによって航空機の担保価値が増大するため、より有利な条件での資金調達が可能となる。

しかし、従来の国際航空機ファイナンスにおいては、取引当事者の取引構造は国家権力の干渉に対して極めて脆弱であり、私的実行のこのような潜在的利点が十分に発揮される環境が整備されていなかった。こうした干渉のリスクは特に航空会社所在地で高まる傾向にあり、具体的には関係当局による航空機の①没収、拿捕および抑留、②占有回復への妨害、③国外搬出の不許可、④国籍抹消の不許可、⑤強制競売やリースによる被担保債権回収の拒絶等の形で顕在

68）ただし、私的実行でも相当の費用がかかる。IBA Groupの資料に依拠して作成された地域用航空機１機当たりの一般的な占有回復に要する費用の見積りでは、占有回復時に航空機が国籍国以外に所在する場合に、法律関係費、初期保全費、駐機・空輸費、点検・記録照合費、転売費、整備・改装費および保険費を合算して755,000米ドルが計上されている（Owen Geach, “Aircraft Repossession,” In: Rob Murphy and Nasreen Desai (Eds.), *Aircraft Financing* (4th ed.) 226, pp. 226-227 (2011)）。なお、この見積りの占有回復について、ケープタウン条約が適用される場合と適用されない場合のいずれを前提としたものであるかは定かでない。

化した[69]。こうした事態が生じた場合に備えて取引実務では、Lloyd'sのアンダーライターとロンドンの主要な保険会社によって引き受けられる航空機占有回復保険が広く利用されている。しかし、こうした保険の保険料率は、航空会社所在地のカントリー・リスクに基づいて算出されることから、かなり高額なものとなり、そのことが航空会社にとって大きな負担となってきた[70]。さらに、数多くの免責条項の存在も問題点として指摘されている[71]。こうした背景において、国家から実行局面への不介入のコミットメントを取り付け、それによって国家権力という名の取引費用を最小化するために、二元構造の下で統一法のデザインを担当することになった受益者達は条約形式を応用することになるのである。

受益者達はこのような一定の政策を強く反映した統一法を設計するにあたり、一部の条項にオプションを設け、各締約国がその選択を通して自国での債権者の保護の程度を決定できるシステム、すなわち「宣言システム（System of Declarations）」を導入した。このようなオプションの多くは、デフォルト発生時に債権者が行使できる救済規定に設けられている。このシステムの下では必然的に、締約国間で制度のばらつきが生じることになる。したがって債権者は、後述する締約国検索サービスを通して、各国がどの条項につきどのような内容の宣言を行っているかを個別具体的に確認する必要がある。しかし、ここでの目的は受益者たちが宣言システムを利用して構想した国際統一担保制度の

69）羽原敬二『航空機ファイナンスの諸問題』42頁（関西大学経済政治研究所、1997）および David Maule, "Aircraft Repossession Insurance," In: Andrew Littlejohns and Stephen McGairl（Eds.）, *Aircraft Financing*（3rd ed.）328, p. 329（1998）を参照。

70）Richard Bouma, "Financing National Airlines in Developing Countries," In: Andrew Littlejohns and Stephen McGairl（Eds.）, *Aircraft Financing*（3rd ed.）214, pp. 217-218（1998）.

71）Littlejohns 1998は保険約款の問題点として、①保険期間が3年であること、②保険金の請求から支払いまでに6ヶ月を要し、その間に航空機に生じた物的損害については補償されないこと、③ホスト国が公然に没収した場合でなければ因果関係の証明が困難なこと、④外国政府の指示を受けた航空会社による没収が補償範囲に含まれるか不明瞭なこと、⑤単なる占有回復の遅延はカバーされないこと、⑥数多くの条件に違反するリスクが常に伴うこと、そして⑦貸付とリースの両方を用いた仕組みではレッサーに生じた損害しか補償されないことを挙げる（Andrew Littlejohns, "Legal Issues in Aircraft Finance," In: Andrew Littlejohns and Stephen McGairl（Eds.）, *Aircraft Financing*（3rd ed.）281, pp. 286-287（1998）を参照）。

全体像を提示することにあり、そのため締約国間での制度偏差に対して必ずしも十分に配慮した記述とはなっていないことを予め断っておかねばならない[72]。

1　国際担保権の私的実行方法

ここではケープタウン条約で採用されている私的実行方法を紹介しよう。条約はデフォルト発生時に債権者が行使可能な救済手段について、担保貸付の場合と、所有権留保またはリースの場合とで異なる規定を設けている。ある取引がこれら３つのいずれに該当するかを決定するのは準拠法であり[73]、担保貸付に性質決定される場合は第８条および第９条の救済手段が、所有権留保またはリースに性質決定される場合は第10条の救済手段が行使可能となる[74]。第10条に規定される救済手段は極めてシンプルであり、債権者は私的実行により所有権留保契約またはリース契約を解除し、対象物件の占有を回復できる。なお、国際担保権実行の引き金となる「デフォルト」の定義について、条約は債務者と債権者の書面による合意に一任している[75]。

(1)　担保権者に認められる私的実行方法

担保貸付と性質決定される場合の私的実行には主に、目的物を売却しその換価金から配当を受ける方法と、目的物をリースしその収益から配当を受ける方法の２種類が用意されている[76]。いずれの方法による場合でも、担保権者は少な

72）　このようなオプションの意義、内容および各国による選択の状況については、小塚荘一郎「ケープタウン条約の各国による受容」空法47号5213頁以下（2006）を参照。

73）　ケープタウン条約第２条４項。なお、条約において「準拠法」とは「法廷地の国際私法の準則により適用される国内法をいう」（第５条３項）。この定義は反致の成立を排除すると解されている（O. C. 2013, *supra* note 45, par. 4.64）。

74）　加えて、これら３つの取引類型すべてにおいて債権者には、第15条所定の強行規定と矛盾しない限度で、準拠法上認められる救済手段の私的実行による行使が認められている（ケープタウン条約第12条）。

75）　ケープタウン条約第11条１項。そのような合意がない場合は、「『デフォルト』とは、債権者が契約に基づいて期待することができたものを実質的に奪うようなデフォルトをいう」（同２項）。

76）　ケープタウン条約第８条１項。この他、担保権者は全利害関係人との合意により、代物弁済として目的物の所有権を取得することも可能である（第９条）。しかしこの場合には、売却やリースの場合と異なり、利害関係人の範囲が限定されていないため、実行担保権者は要件具備について不安を持つことになろう。そのためこの方法による実行は通常、裁判所の関与の下で執り行われることになると考えられる。

くとも10営業日前には利害関係人に書面で通知する必要がある[77]。ここでいう「利害関係人」とは、①債務者、②信用補完措置を供与した者および③目的物に利益を有する者のうちその旨を実行担保権者に通知している者を指す[78]。実行手続はこのような事前の通知により開始するが、通知を受けた先順位債権者は、通知を送った後順位担保権者に代わり手続の主導権を握ることができる[79]。実行担保権者には手続を商取引として合理的な方法で行う義務があるが、担保契約所定の方法で行う場合には、それが明らかに非合理的でない限りこの義務を全うしたものと見なされる[80]。この規定は単に実行担保権者に対し、例えば目的物の売却にあたってオークションや競争入札を導入する等高値で売却するための合理的な努力を払うことを要求するにとどまらない[81]。他方で締約国の裁判所に対し、こうした合理的な売却方法が事前に契約で取り決められている限り、みだりに実行手続と実行結果へ介入しないよう要求しているのである[82]。

(2)　コモンロー由来の配当方式

このような手続を通して回収された換価金や収益は、実行担保権者により優先順位に従って配当される。具体的には、まず手続費用に、次に事前に通知のあった第39条の法定担保物権者の債権に対して行われ、それに後れて実行担保権者が配当を受けることになる[83]。さらに残金がある場合には実行担保権者は、後順位の登録担保権者、事前に通知を受けた未登録担保権者の順に分配し、その残額を担保権設定者に支払う[84]。他方、先順位債権者へは配当されない。言い換えれば、実行によって、後順位担保権はすべて消滅するが、先順位担保権は消滅しないのである[85]。そのため、売却による実行手続では、買受人は先順位担

---

77)　ケープタウン条約第 8 条 4 項および航空機議定書第 IX 条 4 項。

78)　ケープタウン条約第 8 条 4 項。国際登録簿への登録を通して利益の存在を公示している者が、カテゴリ③に含まれることは言うまでもない（O. C. 2013, *supra* note 45, par. 2.87(3)）。

79)　O. C. 2013, *supra* note 45, par. 2.89.

80)　ケープタウン条約第 8 条 3 項。また、航空機議定書第 IX 条 3 項も参照。

81)　O. C. 2013, *supra* note 45, par. 2.85.

82)　O. C. 2013, *supra* note 45, par. 4.87.

83)　O. C. 2013, *supra* note 45, par. 4.89, 4.91.

84)　ケープタウン条約第 8 条 6 項。また、O. C. 2013, *supra* note 45, par. 4.89, 4.91も参照。

85)　O. C. 2013, *supra* note 45, par. 4.90, 4.91. ただし、先順位債権者が全額弁済を受けるならば、先順位担保権も消滅する（*Id.*, par. 4.90）。

保権の負担付きで目的物の所有権を取得するにとどまる。[86] これはコモンローに由来する配当方式である。[87] この方式によれば、実行担保権者は、先順位債権者への配当が要求されない分、大陸法の配当方式（先順位債権者への配当を要求する）に比べより低い費用で適正に配当を行うことができる。コモンローの配当方式が採用された背景には、そのような低い費用での適正配当の実現が、裁判所の関与を一切必要としない実行担保権者主導による配当手続の前提となるとの認識があった。[88]

2　権利関係の可視化：国際登録簿の設置

私的実行の利点は、対象物件をめぐる権利関係が錯綜している場合には十分に発揮されないであろう。隠れた権利の存在について不安を残した状態では、利害関係人によって事後的に実行結果が争われるという可能性が常につきまとい、そのことが高額換価の妨げとなるからである。そこで、ここではケープタウン条約の下で設立される国際登録簿を取り上げ、権利関係の可視化という観点から考察を行うことにする。

まず国際登録簿について簡単に説明しよう。ケープタウン条約では、国際担保権の第三者対抗要件として登録が規定されており、物件ごとに国際登録簿が設置される。航空機物件のための国際登録簿（正式名称はInternational Registry of Mobile Assets）については、SITAとアイルランド政府のジョイントベンチャー企業であるAviaretoが運営しており、ICAOが監督にあたる。[89] Aviaretoの下には、「国際登録簿諮問委員会（International Registry Advisory Board, IRAB）」が設置され、助言を行う。[90] IRABは産業界の法律その他の専門家によって構成され、[91] AWGが議長を務める。[92] これに対しICAOの下には、航空機

86） O. C. 2013, *supra* note 45, par. 4.91.

87） UNIDROIT 1993 Study LXXII-Doc. 8 pp. 45-46.

88） UNIDROIT 1993 Study LXXII-Doc. 8 pp. 45-46.

89） O. C. 2013, *supra* note 45, par. 3.44.

90） O. C. 2013, *supra* note 45, par. 3.44.

91） O. C. 2013, *supra* note 45, par. 3.44.

92） Legal Advisory Panel of the Aviation Working Group, *Advanced Contract and Opinion Practices under the Cape Town Convention* 19 [Diagram 2] n. 8 (2008).

Aviaretoが入居する建物（撮影：筆者）

議定書第XVII条4項に基づき「国際登録簿監督機関に関する専門家委員会（Commission of Experts of the Supervisory Authority of the International Registry, CESAIR）」が設置され、監督業務の補佐を担う[93]。CESAIRは各国政府の民間航空行政官によって構成される[94]。IRABが登録簿に関するシステム、規則または手続の改変を要望する際は、まずCESAIRに提言され、その審議を経てICAOに勧告され、ICAOが認可するという手順を踏む[95]。このように国際登録簿には通時的な発展を可能にする制度が組み込まれており、現在の運用は「国際登録簿に関する規則および手続」の第6版に従って行われている[96]。

Aviaretoはダブリンに所在するが、国際登録システムは完全電子化されている[97]。これにより利用者は各種サービスを、オンラインで原則として24時間365日いつでも受けることが可能となっている[98]。登録目的でのアクセスは厳重に管理されており、アカウントを有する者にしか許されない。他方で登録履歴の検索サービスについては、オンラインで発行される「優先順位検索結果証明書（Priority Search Certificate）」（有料）を通して誰もが利用できるようになっている[99]。国際登録簿のデータベースは物的編成主義に基づいて構築されており、目的物

93）　O. C. 2013, *supra* note 45, par. 3.44.

94）　O. C. 2013, *supra* note 45, par. 3.44.

95）　O. C. 2013, *supra* note 45, par. 3.44およびケープタウン条約第17条2項d号。

96）　International Civil Aviation Organization, *Regulations and Procedures for the International Registry*（Doc 9864）（6th ed.）（2014）〔hereinafter Regulations 2014 or Procedures 2014〕〈http://www.icao.int/publications/Documents/9864_6ed.pdf〉（visited September 3, 2015）.

97）　O. C. 2013, *supra* note 45, par. 3.44.

98）　航空機議定書第XX条4項。また、O. C. 2013, *supra* note 45, par. 2.122, 3.45も参照。

99）　ケープタウン条約第22条。なお、条約上は「登録簿検索結果証明書（registry search certificate）」と表記されているが、実際に国際登録機関によって発行される証明書には本文に記載した名称が付されている。本証明書は、登録の日時を含む当該文書に記載された事実について一応の証拠となる（ケープタウン条約第24条）。

件が製造者名、シリアルナンバーおよびモデル名によって特定される仕組みとなっている。[100)]

(1) 国際登録簿の情報集約力

権利関係の可視化という観点から国際登録簿の機能を分析する場合、まず問われるべきはそこで検索しうる情報についてであろう。国際登録簿への登録が認められている利益を具体的に示せば以下の通りである。[101)]

1 国際担保権および予定された国際担保権

2 登録可能な法定の担保物権および利益

3 国際担保権の譲渡および予定された譲渡

4 劣後合意

5 準拠法に基づく法律上または契約上の代位による国際担保権の取得

6 国内法上の権利の通知

7 売買および予定された売買

このように国際登録簿には国際担保権だけが登録されるのではなく、競合する諸利益の優先順位を一律に決する前提として、それ以外の広範な利益が登録対象とされているのである。こうした競合関係にある利益の優劣は登録の先後によって決まり、一旦決まった順位は、例えば権利者が登録されていない他の利益の存在について悪意であった場合でも変動しない。[102)]諸利益の得喪変更のデータベースへの反映は、既存の情報に新たな情報を追加していくという方式で行われる。そのため、例えばある国際担保権が消滅した場合には、既存の登録が抹消されるのではなく、既存の登録に新たに消滅の登録が追加されるという形で反映される。[103)]つまりデータベースには、全登録履歴が記録されることになる。[104)]このように国際登録簿に高い情報集約力を持たせることで、債権者が航

---

100) そのため製造途中の航空機物件の登録については、これらがすべて出揃った段階で可能となる。また、航空機議定書第 VII 条も参照。

101) ケープタウン条約第16条1項および航空機議定書第 III 条。

102) ケープタウン条約第29条。なお、同条では未登録の国際担保権相互の優劣については扱われておらず、これらの順位は準拠法によって決せられる（O. C. 2013, *supra* note 45, par. 2.7, 2.159）。

103) O. C. 2013, *supra* note 45, par. 4.126.

空機の権利関係に関する情報を安価に入手できるようにしている。

国際登録簿の登録が表象しているのはあくまで利益の存在であって、所有権（title）の所在ではない。そのため、例えば航空機機体の買主がリースを行う場合には、買主は「売買」とリースから生じる「国際担保権」の両方について登録が可能となる。この２つの登録は同一人が同一物件に関して行うものであるが、それぞれ異なる目的と機能を有することになる。「売買」の登録は、登録者が買主として有する利益の公示を目的としており、例えば売主による対象物件の二重譲渡や売主の倒産といった場面で対抗力を生じる。[105] 他方、「国際担保権」の登録は、登録者がレッサーとして有する利益の公示を目的としており、例えばレッシーによる対象物件の処分やレッシーの倒産といった場面で対抗力を生じる。[106] したがって一方の登録に、もう一方の登録の目的と機能を兼備させることはできない。[107]

法定担保物権の一部は「登録可能な法定の担保物権または利益」として国際登録簿において公示されることになる。こうした権利や利益は宣言システムの下で各締約国によって指定される。[108] その一方で締約国には、国内法に基づく法定担保物権のうち、無登録で他の利益に優先するものを指定することも認められている。[109] このような指定を受けた法定担保物権については、その存在が国際登録簿に公示されないにもかかわらず、当該締約国では、優先順位の一般原則を破り、登録された利益に対しても常に優先効を持つことになる。そこで条約は、締約国が指定可能な法定担保物権の範囲を、国内法の下で同様の優先効を有するものに限定する措置を講じている。[110] そうすることで、締約国が国内担保法との整合性を図れるようにするとともに、その目的を逸脱して範囲を不当に拡張できないようにしているのである。[111]

104）　O. C. 2013, *supra* note 45, par. 4.126.
105）　O. C. 2013, *supra* note 45, par. 3.89, 3.90.
106）　O. C. 2013, *supra* note 45, par. 3.89, 3.90.
107）　O. C. 2013, *supra* note 45, par. 3.91.
108）　ケープタウン条約第40条。
109）　ケープタウン条約第39条。
110）　ケープタウン条約第39条１項ａ号。
111）　O. C. 2013, *supra* note 45, par. 2.210.

さらに締約国は、本条約が国内取引へは適用されない旨を宣言できる。[112] 条約上「国内取引」とは、契約締結時に取引当事者全員の主な利益の中心と対象物件が同一締約国に所在し、かつ、その取引により成立する権利が同国の国内登録簿に登録されているものをいう。[113] しかし、たとえこのような宣言がなされた場合でも、条約の登録や優先順位に関する諸条項は国内取引へも適用される。[114] したがって、国内法に基づく約定担保物権についても、締約国間で統一された優先順位規定に基づいて競合する諸利益との間で一律に優劣が決せられることになる。その前提として、「国内法上の権利の通知」の国際登録簿への登録が可能とされているのである。

しかし、国際登録簿の情報集約力にも限界はある。それはまず、登録に公信力が認められていないことに起因する。そのため、ある利益の発生が登録されている場合でもその利益が実際に存在することの証拠とはならない。[115] 第2の限界は、国際登録簿が、登録情報の最小化によるコスト削減と取引の機密保持の観点から、登録対象として契約文書ではなく、利益の通知に必要なデータを要求するいわゆるnotice filing systemを採っていることに起因する。[116] 登録情報として、例えば被担保債権額や極度額の入力さえ要求されていない。[117] このことから、検索者が優先順位検索結果証明書を通して得られる情報は、上記諸利益の得喪変更を示す上で必要最低限のものに限定されてしまうため、取引の詳細を把握するには登録者への照会が不可欠となる。[118]

(2) 国際登録簿へのアクセス権

権利関係の可視化という問題は次に、このような情報集約性の高い国際登録簿へのアクセスに対してどのような制約が課されているのかという問題を派生させるであろう。前述のように検索目的でのアクセスは、オンラインで誰もが

112) ケープタウン条約第50条1項。
113) ケープタウン条約第1条n号。
114) ケープタウン条約第50条2項。
115) O. C. 2013, *supra* note 45, par. 2.116.
116) O. C. 2013, *supra* note 45, par. 2.122.
117) Regulations 2014, *supra* note 96, sec. 5.3.
118) O. C. 2013, *supra* note 45, par. 2.122.

利用できるように設計されている。

それに対し登録については、締約国がその領域内の機関を国際登録簿の登録窓口として指定してもよいことになっている[119]。締約国がこれを行う場合、その国の国籍を有する航空機機体やヘリコプターについては、諸利益の登録のために必要な情報はすべて指定窓口を経由して国際登録簿へ送信されることになり、債権者によるオンライン登録は不可能となる。この場合に、債権者の関心事は、そのような登録窓口が情報送信に関して一定の裁量権を有するか、すなわち、窓口に提出された情報のうち、窓口が認可したものだけが国際登録簿へ送信されることになるのかという点にあろう。この問題への対応は次のような方法で試みられている。すなわち、登録窓口を指定した締約国には、その窓口が裁量権を有するか否かを寄託機関（UNIDROIT）と監督機関（ICAO）に通知するよう義務付けられており、これを受けて監督機関から国際登録機関に連絡される[120]。そして国際登録機関において、各締約国の登録窓口に関する情報が一覧表にまとめられ、ウェブサイト上で公表されることにより[121]、そのような裁量権に対する注意が喚起されているのである。

他方、航空用エンジンについては、国籍に関する国際ルールが存在せず、既存の国内法制との整合性を図る必要性がないため、締約国には登録窓口を排他的に指定することが許されていない[122]。そのため債権者には常に、エンジンに関する諸利益の得喪変更をオンラインで国際登録簿へ反映させる道が開かれている。

⑶　国際登録簿の不可侵性

権利関係の可視化という問題はさらに、国際登録簿で閲覧できる登録情報の信頼性の確保も要請することであろう。ケープタウン条約は、第44条において国際登録機関に対する命令の管轄を巧妙に設定することにより、国際登録簿の不可侵性を保障する。

119）　航空機議定書第 XIX 条１項。

120）　Regulations 2014, *supra* note 96, sec. 12.3.

121）　Regulations 2014, *supra* note 96, sec. 12.3.

122）　航空機議定書第 XIX 条２項および O. C. 2013, *supra* note 45, par. 5.89。

すなわち第44条１項は、国際登録機関に対する損害賠償または義務付けの判決について、同機関の業務中心地（アイルランド）に専属的管轄を付与する。同項は、条約が定める国際登録機関の義務（例えば検索結果証明書の発行義務や17条に基づく監督機関による指導の遵守義務）の強制を命じるための専属的管轄を、アイルランドに付与していると解すべきだとされる[123]。このような被告住所地管轄の専属化を通して、世界中で開始されうる手続からの登録簿の保護と、高度に専門的な争点の単独法廷地への集中が図られている[124]。

次に同２項および３項の説明にあたり、具体例として、被担保債務の履行により債務者が債権者に対して書面で国際担保権の登録抹消を請求したにもかかわらず、債権者が応じない場合を念頭に置こう[125]。この場合に、債権者が存在せずまたは行方不明であるときは、債務者はアイルランドの裁判所に申し立てることになる。２項においてアイルランドの裁判所には、このような状況の下で国際登録機関に対して登録抹消を命じるための専属的管轄が付与されているためである。

他方で債権者が行方不明でないときは、債務者は通常、合意管轄地の裁判所に申し立て、その対人命令を待つことになるであろう[126]。そしてこの命令に債権者が従わなければ、３項によりアイルランドの裁判所は、国際登録機関に対して当該命令を実行する措置を取るよう指示できる。そのため、債務者による登録情報の改竄の可能性に対しては、債権者が事前に債務者との間で信頼できる締約国を管轄地として合意しておくことで解決しうる。さらに合意管轄地の命令を尊重するか否かは、最終的にはアイルランドの裁判所の判断に委ねられている[127]。債務者はこれらの方法によってのみ、登録抹消のデータベースへの反映

123） O. C. 2013, *supra* note 45, par. 4.302. さらに Karl Kreuzer, "Jurisdiction and Choice of Law under the Cape Town Convention and the Protocols Thereto," [2013] (1) *Cape Town Convention Journal* 149, p. 155は、この解釈を「条約の基礎を成す一般原則」（第５条２項）の観点から正当化する。

124） Kreuzer 2013, *supra* note 123, p. 154.

125） 条約はこの場合に債権者に対して、不当に遅滞することなく登録を抹消するよう義務付けている（ケープタウン条約第25条１項）。

126） ケープタウン条約第42条を参照。

127） O. C. 2013, *supra* note 45, par. 4.298.

を達成しうるに過ぎない。このように条約は、一方の当事者のみによる登録情報の変更に対して厳格な姿勢をとるとともに、アイルランドの裁判所には国際登録簿の番人としての役割を期待していると言える。

さらにオフィシャル・コメンタリーは、すべての利害関係人のために対人命令の強制可能性を保障する観点から、第44条1項に基づきかつ同3項の類推解釈により、アイルランドの裁判所が国際登録機関に対して登録の是正を指示するための追加的管轄を有すると扱われるべきだと説く[128)]。その根拠として第44条2項によれば、例えば弁済された先順位担保権の登録抹消を望む後順位担保権者は、第25条の申立適格者に該当しないため申し立てできない点を挙げる[129)]。また第44条3項によれば、アイルランドの裁判所が国際登録機関に命令を出すには原則として対人命令を出す裁判所が条約に基づき管轄を有する必要があるが、条約に基づく管轄の付与は第42条と第43条に限られるため、例えば債権者が誤って国際担保権を別の債権者に劣後する旨記載した場合には登録情報を正す術がない点を挙げる[130)]。そして、登録されている利益が国際担保権でなく条約によれば登録対象でないという事実は、アイルランドから第44条の管轄を奪うものではなく、むしろ同地が抹消を命じるための確かな根拠となると述べる[131)]。このように、アイルランドが有する国際登録機関に対する命令の管轄権は、解釈により拡大の一途をたどる。

なお、アイルランドでは国際登録機関が被告または原告となる事件のために2008年に上級審規則が改正され、ダブリンの商事裁判所がその処理に当たれるようになっている[132)]。同裁判所は高等法院（High Court）の一部局であり、商事紛争の審理のために効率的で迅速な手続を提供する[133)]。

128）O. C. 2013, *supra* note 45, par. 4.301. なお、条約に定めがない事件については、法廷地法により国際裁判管轄の有無が判断される（*Id.*, par. 4.290）。

129）O. C. 2013, *supra* note 45, par. 4.300.

130）O. C. 2013, *supra* note 45, par. 4.300および Kreuzer 2013, *supra* note 123, pp. 155-156を参照。

131）O. C. 2013, *supra* note 45, par. 2.227, 4.302.

132）Rules of the Superior Courts（Cape Town Convention）2008（S. I. No. 31 of 2008）〈http://www.irishstatutebook.ie/2008/en/si/0031.html〉（visited September 3, 2015）. また、O. C. 2013, *supra* note 45, par. 2.228も参照。

3　実行手続の円滑化

私的実行は様々な場面で停止を余儀なくされるリスクをはらんでいる。このようなリスクの存在が従来、高額換価の達成の阻害要因を形成し、その結果、遡及的に国際航空機ファイナンスに伴う取引費用を増大させてきた。ここでは、私的実行の円滑な進行を保障するために同条約で用意されている補完的制度を紹介する。なお、これら補完的制度については宣言システムの対象となっており、各締約国がその採否を決定することになる。このうち一定の条項については期日がブランクになっており、各締約国がこれを指定する仕組みとなっている[134]。以下で散見される［　］がそのようなブランクを表す。［　］内には参考までに、後で触れるOECDのケープタウン条約割引制度において要求される期日を記入しておく[135]。

(1)　倒産局面を規律するハードルール

私的実行の円滑性が阻害される場面としてまず、債務者の倒産手続が開始された場合を挙げることができよう。倒産局面における国際担保権の効力については航空機議定書第XI条において2つのルール群、すなわち選択肢Aと選択肢Bが準備されている。このうち、国際担保権の別除権構成を認める選択肢Aが、この場面での私的実行の円滑性を保障する。

選択肢Aによると、主たる倒産管轄国において倒産手続が開始すると、倒産管財人または債務者は待機期間［60日］内にデフォルトを治癒しないかぎり、債権者に対象物件の占有を引き渡さなければならない[136]。これにより、債権者には倒産手続外での国際担保権の実行が可能となる。この段階での裁判所の介入の可能性については、明文で徹底的に排除されている。すなわち裁判所に

133）　O. C. 2013, *supra* note 45, par. 2.228.

134）　例えば、航空機議定書第X条2項を参照。

135）　このような期日については、経済協力開発機構（Organisation for Economic Co-operation and Development, OECD）の「民間航空機の輸出信用に関する部門協定（Sector Understanding on Export Credits for Civil Aircraft, ASU）」2011年9月版（TAD/ASU（2011）1）（以下、ASU 2011/9）pp. 35-36に記載されている。ASUについては、〈http://www.oecd.org/tad/xcred/aircraftsectorunderstandings.htm〉（2015年9月3日閲覧）より、2007年版（TAD/PG（2007）4/FINAL）（以下、ASU 2007）から現行の2011年9月版までを入手できる。

136）　航空機議定書第XI条選択肢A2項および7項。

は、上記待機期間を超えて国際担保権の実行を停止することも[137]、契約内容を一方的に変更することも許されないのである[138]。債権者には、選択肢Bでは要求されている債務者のデフォルトの証拠の裁判所への提示さえも課されていない。このことから明らかなように、そもそも選択肢Aでは実行にあたって裁判所への申立て自体が前提とされておらず、倒産の場面でも債権者の主導で国際担保権の実行が円滑に進行するよう設計されているのである。

(2)　IDERA記録制度

対象物件が航空機機体またはヘリコプターである場合には、国籍の抹消のために私的実行が中断してしまうおそれがある。航空機の重国籍を禁止するシカゴ条約の下では、搬出先の国籍を取得する前提として現国籍の有効な抹消が要求されるため[139]、債権者はこの手続を省略できないのである。この点への配慮として航空機議定書は、第IX条において債権者に国籍抹消権と国外搬出権を付与するだけでなく[140]、締約国での円滑な抹消の実現を期して第XIII条においてIDERA記録制度と呼ばれる制度モデルを提示している。

IDERAとは「Irrevocable De-registration and Export Request Authorisation（登録抹消および国外搬出の申請に関する取消不能証明書）」の略称であり、航空機議定書の最後にその雛形が添付されている。債務者がこの雛形に従ってIDERAを作成し、国籍登録当局に提出するならば、同当局においてそれが記録される[141]。ある時点で当該航空機には1つのIDERAしか存在しえない[142]。記録

137）航空機議定書第XI条選択肢A9項。

138）航空機議定書第XI条選択肢A10項。なお、我が国の現行法上、航空会社の倒産に基づくリース解除特約の有効性については、会社更生、民事再生および破産手続のいずれの場合にも否定される可能性が高い（鈴木秀彦＝井門慶介「航空機ファイナンスの理論と実務（中）」金融法務事情62巻11号66-67頁（2014））。

139）シカゴ条約第18条。シカゴ条約は正式名称を「国際民間航空条約（Convention on International Civil Aviation）」という。1944年12月に採択され、1947年4月に発効、現在日本を含む190ヶ国が締約国となる〈http://www.icao.int/publications/Documents/chicago.pdf〉（2015年8月31日閲覧）。

140）ただし、これらの救済を実際に行使できるのは、先順位の登録された権利の保有者から事前に書面で同意を取り付けた債権者に限られる（航空機議定書第IX条2項）。

141）航空機議定書第XIII条2項。

142）O. C. 2013, *supra* note 45, par. 3.35.

されたIDERAの中で指名されている者が国籍登録当局に国籍の抹消を要求できる唯一の者であり、この者が申請しない限り記録されたIDERAが消去されることはない[143]。IDERAの行使は担保権者にも認められており、この場合には行使にあたり、利害関係者に対し相当の期間を定めた書面による通知を付与する必要がある[144]。

被指名者から要請があれば、国籍登録当局は国籍を抹消し、航空安全関連法令に従って国外への搬出に応じる義務を負う[145]。この救済付与の過程は当局による純粋な書面審査として予定されている[146]。倒産時の救済に関する選択肢Aの中でIDERAが行使される場合には、債権者が条約に従って救済を行使する権利を有することを通知した日から5営業日以内に国籍抹消と国外搬出が実現することになる[147]。こうした効力は記録されたIDERAに基づいて発生するため、登録当局や行政当局は裁判所の命令がないことを理由に救済実現を拒むことはできない[148]。

⑶ 暫定的救済に関するデッドライン

私的実行の難点の1つとして、債務者をはじめとする利害関係人の任意の協力が得られない場合には利用できないことが挙げられよう。そこでケープタウン条約は、このような場合にも国際担保権の実行が円滑に進行するよう、合意管轄地での終局的な権利関係の確定に先立って債権者が受けられる暫定的救済[149]について規定している。

暫定的救済を利用するにあたって債権者はまず、債務者のデフォルトの証拠

---

143) 航空機議定書第XIII条3項。

144) 航空機議定書第Ⅸ条6項。ここでいう「利害関係人」とは、①債務者、②信用補完措置を供与した者および③目的物に利益を有する者のうちその旨を実行担保権者に通知している者を指す(同項)。

145) 航空機議定書第Ⅸ条5項a号。ただし、登録当局は被指名者に対し、IDERAの発行を受けた債権者の権利に優先する登録された権利が全て消滅していること、またはそれらの権利の保有者が登録抹消および国外搬出に同意したことを証明するよう求めることができる(第Ⅸ条5項b号)。

146) O. C. 2013, *supra* note 45, par. 3.36.

147) 航空機議定書第XI条選択肢A8項。

148) O. C. 2013, *supra* note 45, par. 3.31.

149) ケープタウン条約第42条1項。

を裁判所に提示しなければならない[150]。これを受けて裁判所は、債務者が同意する範囲で、債権者の請求に応じた救済措置を迅速に発動することになる[151]。その際に裁判所に許されている裁量の幅は限定的であり、裁判所が利害関係人の保護のために救済に条件を付すことが認められるのは、債権者が条約上債務者に負っている義務を履行しない場合と、債権者が本案の審理において請求を立証しない場合の２つしかない[152]。しかも、このようなセーフガードでさえ、債務者や利害関係人が書面で合意すれば適用を排除できる[153]。

債権者が利用できる暫定的救済は、要請先の裁判所に応じて種類を異にする。物件所在地の裁判所に対しては、(a)物件とその価値の保全、(b)物件の占有、制御または保護、そして(c)物件の移動禁止を申し立てることができる[154]。これらの措置については、申立てから［10］日以内にその命令を受けることが可能となっている。また、一定の要件の下で債務者所在地の裁判所に対しては、(d)物件のリースまたは物件およびそれに起因する収入の管理と(e)物件の売却および換価金の充当を申し立てることができる[155]。これらの措置については、申立てから［30］日以内にその命令を受けることが可能となっている。さらに、合意管轄地の裁判所に対しては(a)から(e)までの全措置を申し立てることができる[156]他、物件が航空機機体やヘリコプターの場合には国籍国の裁判所にも同様の管轄が認められる[157]。なお、暫定的救済についての一連の管轄との関係では、第42条が定める合意管轄の専属性は失われる[158]。

このほか債権者には、国籍国の裁判所の命令を介することにより、IDERAとは別ルートでの国籍抹消と国外搬出が可能となる[159]。つまり、債権者が同国の

150）　ケープタウン条約第13条１項。
151）　ケープタウン条約第13条１項。
152）　ケープタウン条約第13条２項。
153）　航空機議定書第Ｘ条５項。
154）　ケープタウン条約第43条１項。
155）　ケープタウン条約第43条２項および航空機議定書第Ｘ条３項。
156）　ケープタウン条約第43条１項および２項。
157）　航空機議定書第XXI条。
158）　ケープタウン条約第43条３項。
159）　O. C. 2013, *supra* note 45, par. 3.32.

裁判所から対象物件の占有回復等の暫定的救済に関する命令を受け、そのような命令を受けた旨と国籍抹消と国外搬出に関する救済を行使する権利を有する旨を関係当局に通知するならば、通知から5営業日以内に抹消と搬出が達成される[160]。オフィシャル・コメンタリー上、関係当局は救済付与にあたり債権者の通知にのみ依拠するよう要請されており、IDERAの場合と同様にその過程は純粋な書面審査として予定されている[161]。

ところで第42条は、条約に基づいて提起される全請求について、当事者による別段の合意がない限り、取引当事者が選択した締約国の裁判所に専属的管轄を認める[162]。同条の射程は第三者には及ばないし[163]、倒産手続にも及ばない[164]。それにもかかわらず同条は、国際担保権を成立させる契約だけでなく劣後、譲渡、契約による代位等の条約の適用を受ける契約全般を対象とし[165]、そうした契約の管轄条項に原則として専属性を付加する。要するに、合意管轄を定めた第42条と暫定的救済に関する管轄を定めた第43条は、信頼に足る裁判所での紛争処理と国際担保権の迅速な実行を両立させている。

Ⅳ　国家との駆け引き

ここではケープタウン条約において、条約形式による私法統一の短所を克服するためにどのような方策が講じられ、それらがどの程度功を奏しているのかを考察する。1では、外交会議前に（すなわち起草過程において）講じられた国家の支持を引き出すための諸方策とその効果について検討する。2と3では、外交会議で採択されたケープタウン条約を基盤として、その後発展を遂げた航

160）　航空機議定書第Ｘ条６項およびO. C. 2013, *supra* note 45, par. 3.32。規定上は、外国の裁判所から同様の命令を受け、それを国籍国の裁判所に承認してもらい、その上で当局に通知するという方法もありうる（航空機議定書第Ｘ条６項）。

161）　O. C. 2013, *supra* note 45, par. 3.32.

162）　第42条１項の反対解釈として、非締約国の裁判所を選択する合意は、締約国の裁判所を拘束しない（O. C. 2013, *supra* note 45, par. 4.288およびKreuzer 2013, *supra* note 123, p. 152を参照）。

163）　O. C. 2013, *supra* note 45, par. 4.285.

164）　ケープタウン条約第45条。

165）　O. C. 2013, *supra* note 45, par. 4.285.

空機ファイナンスの新たな取引秩序を紹介する。

1　国家の支持を引き出すための方策とその効果

条約形式による私法統一の成否は、成立手続において国家の支持を引き出せるか否かにかかっている。ケープタウン条約の起草過程において講じられたこの点に関する諸方策について、4つの視点から説明することにしよう。第1は、条約の成立手続における国家の権能を相対化する方策である。二元構造の中にその典型を見出すことができる。すなわち二元構造が導入された背景には、前述の利点への期待のほかに、外交会議を経ずに議定書の採択を可能にする略式採択手続（fast-track procedure）に対する起草者の強い期待が存在したのである[166)]。また、AWGとIATAが展開した議定書の発効に必要な批准数をめぐるロビー活動も、このカテゴリに分類できよう。IATAの代表者として航空機議定書の起草に携わったLorne Clarkによると、条約・議定書の発効のために必要な批准数としてICAOは当初30ヵ国の批准を要求していたとされる[167)]。これに対し、AWGとIATAが数ヵ月にわたる猛烈なロビー活動を展開し、最終的には8ヵ国にまで引き下げることに成功している[168)]。

第2は、条約で規律される物件の範囲を限定する方策である。T. B. Smithの提案では、「可動物件（mobile equipment）」全般がプロジェクトの対象とされていた[169)]。これを受けてUNIDROITは、「高価な」と「常時国境を越えて移動する」という要素を付加することにより対象物件の絞り込みを図った[170)]。その

166）Goode 1999, *supra* note 51, p. 270.

167）Clark 2004, *supra* note 57, p. 5.

168）航空機議定書第XXVIII条1項およびClark 2004, *supra* note 57, p. 13を参照。Clark 2004によれば、両団体は本条約・議定書の始動にあたり広く国家の支持を得る必要がない点を強調したとされる。その上でこの主張について、航空機および航空エンジンに関する全取引の8割以上が30を下回る国で行われている現状に鑑みれば、特に妥当すると述べる（Clark 2004, *supra* note 57, p. 13)。

169）UNIDROIT 1988 C. D. 67-Doc. 18（Or.: English）pp. 52-57.

170）Martin Stanford, "From Ottawa to Cape Town: UNIDROIT's Role in the Modernisation of the Law Governing Leasing and the Taking of Security," In: Iwan Davies（Ed.), *Security Interests in Mobile Equipment* 397, p. 400（2002). StanfordはUNIDROITの上席研究員（Principal Research Officer）である。

ような措置が取られた背景には、国家法への過度の干渉を根拠とする潜在的な反対を抑え、議論の余地のない問題に国家の関心を向けさせる意図があったとされる[171)]。さらにこの点への配慮は、二元構造の提案理由の中にも見出すことができる。AWGとIATAは提案理由の中で二元構造の利点として、それが国家に対して物件単位での採択と批准の機会を提供する点を挙げていた[172)]。

第3は、条約の政策的価値を前面に押し出す方策である。これを体現するのが、外交会議前に公表された経済アセスメントである。これはAWGとIATAの依頼を受け、ニューヨーク大学経済学部のAnthony SaundersとIngo Walterが本条約予備草案および航空機議定書予備草案を基にその経済効果の特定と定量化を試みたものである[173)]。これによると、ミクロ経済学の視点から算定された経済効果だけでも、その利益の射程は、航空会社、乗客、政府、航空機メーカーおよび金融機関の広範囲に及ぶとされている[174)]。そして、そうした経済利益の最大の源泉は、新興国所在の航空会社がより有利な条件で金融市場を利用できるようになる点に、また第2の源泉は、新興国が航空会社の債務につき政府保証を要求される機会が減少する点に求められている[175)]。さらに興味深い点は、これらの利益を最大化する条件として、両予備草案の明確性と精緻性が条約正文に引き継がれなければならない点が同アセスメントにおいて確認されていることである[176)]。このような「新興国の利益」を条約正文に円滑に反映させるためにAWGとIATAが外交会議開催の約束を取り付けた相手こそ、

171） Stanford 2002, *supra* note 170, p. 400.

172） UNIDROIT 1996 Study LXXII-Doc. 32 p. 2.

173） Anthony Saunders and Ingo Walter, "Proposed UNIDROIT Convention on International Interests in Mobile Equipment as Applicable to Aircraft Equipment through the Aircraft Protocol: Economic Impact Assessment," 23 *Air & Space Law* 339 (1998). このアセスメントがAWGとIATAの依頼に基づき作成された点について、Ludwig Weber and Silverio Espinola, "The Development of a New Convention Relating to International Intersts in Mobile Equipment, in Particular Aircraft Equipment: A Joint ICAO-UNIDROIT Project," [1999] (2) *Uniform Law Review* 463, p. 465を参照。またWeber and Espinola 1999は、同アセスメント作成の狙いについて、政府の関心を本プロジェクトに向けることにあったと述べる（p. 465）。

174） Saunders and Walter 1998, *supra* note 173, pp. 343-344.

175） Saunders and Walter 1998, *supra* note 173, pp. 343, 346.

176） Saunders and Walter 1998, *supra* note 173, p. 346.

南アフリカだったのである。[177)]

第4は、国内法との整合性を採ることを容易にする方策、すなわち宣言システムの導入である。前述のとおりこのシステムの下では、各締約国に一定の条項の採否に関する選択権が付与されている。これは一見すると、締約国による特定の条項の適用免除を目的としてこれまでの統一私法条約で多用されてきた留保条項と同一の機能を果たしているかのように思われる。しかし、両者の決定的な相違は、それが挿入されたタイミングにある。従来の留保条項の大部分が、外交会議の段階で難航する交渉過程から各国の妥協を引き出すために挿入されたのに対し、[178)]ケープタウン条約の宣言システムに基づく選択肢については、起草過程の初期段階でAWGが提出したメモランダムの中にすでにその前身を見出すことが可能である。[179)]こうした挿入時点のユニークさが起草者に、条約の中核部分と論理的一貫性を損なうことなく綿密にオプションを設計する余裕を与えることになった。[180)]その結果、こうしたオプションの大部分がデフォルト発生時に債権者に認められる救済規定に見られるのに対して、締約国間で統一的内容を必要とする公示・対抗制度や優先順位規定にはほとんど見られない。

---

177)　Clark 2004, *supra* note 57, p. 13 および Roy Goode, "Rule, Practice, and Pragmatism in Transnational Commercial Law," 54 *International and Comparative Law Quarterly* 539, p. 559（2005）を参照。

178)　例えばファイナンス・リース条約第20条は、平穏占有権に関するレッサーの保証について、「国内法がレッサーに不履行または過失に基づく免責を認めていない場合には、署名、批准、受諾、承認又は加入の際に、第8条3項に代わり国内法を適用する」ことを締約国が宣言することを認める。原1988によると、この留保条項が挿入された経緯は次の通りである。すなわち外交会議において、平穏占有権に関するレッサーの保証についてレッサーに故意または重過失がある場合に限り認める強行規定（第8条3項）を置くことが決議されたところ、フランスを中心に留保を認めるべきとの意見が述べられたという。そこで留保条項を不要にする目的から、同4項において準拠法上より広範な平穏占有権に関するレッサーの保証が認められるならば同2項および3項はそのような保証に影響しないことが確認された。これにより理論上は、レッサーの保証を拡大する方向での留保条項は無用になったはずである。それにもかかわらず留保条項を要望する声が静まることはなく、その結果として第20条が設けられたとされる（以上、原1988・前掲（注36）10頁を参照）。

179)　UNIDROIT 1995 Study LXXII-Doc. 16 pp. 40-41.

180)　こうしたオプションのデザイン・ルールついては、Jeffrey Wool, "Rethinking the Notion of Uniformity in the Drafting of International Commercial Law: a Preliminary Proposal for the Development of a Policy-based Unification Model,"［1997］*Uniform Law Review* 46に詳細な解説がある。

こうした諸方策のうち略式採択手続については、UNIDROIT から鉄道車両議定書と宇宙資産議定書の採択の際にこの手続によることが提案されたが、外交会議において国家の賛同を得ることができず否決される結果となった[181]。しかし、その他の方策については、その目的の達成に十分に貢献していると思われる。外交会議では略式採択手続こそ否決されたものの、その他の点では取引効率性を著しく阻害するような修正は加えられなかったと評価できる（後述 3 を参照）。さらにケープタウン条約と航空機議定書は、批准数においても極めて順調な伸びを見せている。巻末別表の通り条約、議定書とも採択後 5 年で13ヵ国、採択後10年で40ヵ国以上の批准を獲得したが、このペースは他の条約と比較した場合に順調であるといえよう。

2　締約国検索サービス

宣言システムの導入は、条約の成立手続をスムーズに進める上で大きく貢献したが、その反面、必然的に締約国間での制度のばらつきをもたらすことになった。このような難点を是正するために、国際登録機関や UNIDROIT において宣言状況に関する情報の集約化が図られている。国際登録機関のウェブサイトでは、締約国単位で宣言状況を把握することを可能にするサービスが提供されている[182]。それに対し UNIDROIT のウェブサイトでは、締約国単位での検索に加え[183]、オプション条項単位での検索も可能となっている[184]。これらのサービスはすべての者に無償で提供されている。

181） Roy Goode, "The Cape Town Convention on International Interests in Mobile Equipment: A Driving Force for International Asset-Based Financing," 36(2) *Uniform Commercial Code Law Journal* 1, p. 5 (2003).

182） 〈https://www.internationalregistry.aero/ir-web/search/contractingState?execution=e2s1〉 (visited September 3, 2015).

183） ケープタウン条約について〈http://www.unidroit.org/status-2001capetown〉（2015年 9 月 3 日閲覧）を、航空機議定書について〈http://www.unidroit.org/status-2001capetown-aircraft〉（2015年 9 月 3 日閲覧）を参照。

184） ケープタウン条約について〈http://www.unidroit.org/depositary-2001capetown?id=431〉（2015年 9 月 3 日閲覧）を、航空機議定書について〈http://www.unidroit.org/depositary-2001capetown-aircraft?id=1558〉（2015年 9 月 3 日閲覧）を参照。

3　ケープタウン条約割引制度

(1)　概　要

さらに締約国の宣言内容を、航空機ファイナンスにおける外国債権者保護のメルクマールとして戦略的に利用する動きが見られる。その先駆けとなったのが米国輸出入銀行（Export-Import Bank of the United States）である。同行は、一定の宣言を行っている締約国では航空機ファイナンスに伴う法的リスクが減少し、取引の予測可能性が向上するとの期待に基づいて、2003年以降、そのような締約国に所在する買主への米国製商業用航空機のファイナンスについて、リスク・プレミアムである保険料（exposure fee）の3分の1減額を実施してきた[185)]。

同様の割引制度は2007年7月から経済協力開発機構（Organisation for Economic Co-operation and Development, OECD）で運用が開始された「民間航空機の輸出信用に関する部門協定（Sector Understanding on Export Credits for Civil Aircraft, ASU)」にも導入され、その基本構造はほぼそのまま現行の2011年9月版（以下、ASU 2011/9）に継承されている[186)]。**図表1-2**はASU 2011/9の Appendix Ⅱから転載したものであり、ここでは大型航空機を対象とする償還期間12年の取引についてASU参加国当局が輸出信用を供与する際の保険料率の下限が示されている[187)]。保険料率の下限について取り決められている理由は、ASUの目的が参加国当局間での輸出信用の供与条件をめぐる行き過ぎた競争を防止し、それによって製品やサービスの質と価格に基づく市場競争のための健全な環境を創出することにあるからである[188)]。**図表1-2**の左半分には航空会

---

185)　EXIM's News, "Ex-Im Bank Extends Offer of Reduced Exposure Fee Through December 2010 for Buyers in Countries Implementing the Cape Town Treaty," (September 26, 2007) 〈http://www.exim.gov/news/ex-im-bank-extends-offer-reduced-exposure-fee-through-december-2010-for-buyers-countries〉 (visited September 3, 2015).

186)　ASUは参加国間の紳士協定という形式をとり、「公的輸出信用に関する申合せ（Arrangement on Official Supported Export Credits)」の一部を成す（ASU 2011/9, *supra note* 135, p. 4)。割引制度が始動した2007年版は1986年3月に発効した前協定の後継である（ASU 2007, *supra* note 135, p. 2)。その後2011年2月版が公表されるが、明確化のための修正を経て現行の同年9月版に至る〈http://www.oecd.org/tad/xcred/aircraftsectorunderstandings.htm〉(2015年9月3日閲覧)。

187)　ASU参加国は、オーストラリア、ブラジル、カナダ、EU、日本、韓国、ニュージーランド、ノルウェー、スイスおよびアメリカである（ASU 2011/9, *supra* note 135, p. 5)。

図表1－2　Minimum Premium Rates
(12-year repayment term, asset-backed transactions)

Risk Category	Risk Classification	Minimum Premium Rates	
		Per Annum Spreads (bps)	Up-Front (%)
1	AAA to BBB −	137	7.72
2	BB+ and BB	184	10.44
3	BB −	194	11.03
4	B+	208	11.85
5	B	234	13.38
6	B −	236	13.50
7	CCC	252	14.45
8	CC to C	257	14.74

Source: *Sector Understanding on Export Credits for Civil Aircraft* 30 (1 Sep. 2011)

社のリスクに基づく区分が、右半分には各区分に応じた下限保険料率（Minimum Premium Rates）が記されている。ケープタウン条約割引制度は、こうした下限保険料率からの最大10%割引を可能にする。[189] この割引の恩恵に浴するのは、ASU 所定の宣言を行う締約国に所在する航空会社である。[190]

この割引を受けるのに必要な宣言についてはASU 2011/9の Appendix Ⅱの Annex 1に記載されており、そこでは私的実行の容認、倒産局面を規律するハードルールの採用、IDERA 記録制度の導入、そして暫定的救済措置に関するデッドラインの指定等、上述したデフォルト発生時の債権者の保護を強化する一連の制度の導入が要求されている。[191] ASU 所定の宣言を行っている締約国は割引適格国としてリスト（ケープタウン・リスト）に記載の上、OECD のウェブ・サイトに公表されており、そこにはアンゴラ、カナダ、エチオピア、フィジー、インドネシア、カザフスタン、ケニア、ルクセンブルク、マレーシア、

188) ASU 2011/9, *supra* note 135, p. 4.
189) ASU 2011/9, *supra* note 135, p. 30.
190) ASU 2011/9, *supra* note 135, pp. 30-31.
191) ASU 2011/9, *supra* note 135, pp. 35-36.

モンゴル、ミャンマー、ニュージーランド、ナイジェリア、ノルウェー、オマーン、パキスタン、パナマ、ルワンダ、セネガル、シンガポール、タジキスタンおよびトルコの22ヵ国が名を連ねている[192]。このような割引制度の存在が、締約国間の宣言状況を間接的に一定の方向に収斂させているのである。

⑵　リストの更新

さらに興味深い点は、割引適格国のリストが通時的に更新されることである。この点は割引制度の誕生当初から予定されていたが、ASU 2011/9において手続が具体化されるに至った[193]。更新の種類には「追加」、「消去」および「復活」の３種類があり、ASU 参加国または不参加国がこれらの更新を事務局に提案することになる[194]。提案にあたっては当該国に関する一定の情報の提供が要求され、「追加」では⒜条約批准文書の寄託日に関する情報、⒝当該国による宣言の写し、⒞条約および適格宣言の発効日に関する情報、⒟当該国が条約および適格宣言を国内法令において実施する上で経る手順の分析および⒠法律事務所により回答されたケープタウン条約質問票（Cape Town Convention Questionnaire）が必要となる[195]。また、「消去」では状況の説明と証拠の提示が、「復活」では消去された経緯の説明と復活の根拠となるその後の矯正的行為の報告が、それぞれ必要となる[196]。これらが提案されれば、５営業日以内に事務局から

192)　〈http://www.oecd.org/tad/xcred/ctc.htm〉(visited September 3, 2015).

193)　以下で述べる更新手続の運用は参加国により監視され、少なくとも年に一度は見直す機会が設けられる（ASU 2011/9, *supra* note 135, p. 33)。

194)　ASU 2011/9, *supra* note 135, pp. 31-32.

195)　ASU 2011/9, *supra* note 135, pp. 31-32. なおケープタウン条約質問票については、同 Appendix II の Annex 2に雛形がある。この雛形の項目は「I. 予備情報」と「II. 質問」に大別される。「I. 予備情報」には、回答する法律事務所について、当該国との関係で有する国際条約の施行に向けた立法化への関与等の関連する経験とケープタウン条約に特化した経験を記載する欄や、当該国がリストへ追加された場合に同事務所が割引を受け得る取引に関与または関与を予定しているかを記載する欄が設けられている。「II. 質問」の構成は、当該国について、Annex 1に従って宣言をしているか等を問う「１．適格宣言」、条約の施行にあたり国内法の制定を要しないか等を問う「２．批准」、条約（またはその施行のために制定された国内法）が競合する国内法令に優位するか等を問う「３．国内法の効力」、そして条約運用の具体的な状況と阻害因子に関する一連の問いが含まれる「４．裁判所及び行政当局の決定」となっている（以上、ASU 2011/9, *supra* note 135, pp. 37-38を参照)。このように法律面での質問（1.～3.）にとどまらず、カントリー・リスクに関する質問（4.）に踏み込んでいる点に特徴がある。

196)　ASU 2011/9, *supra* note 135, p. 32.

図表1－3　更新手続

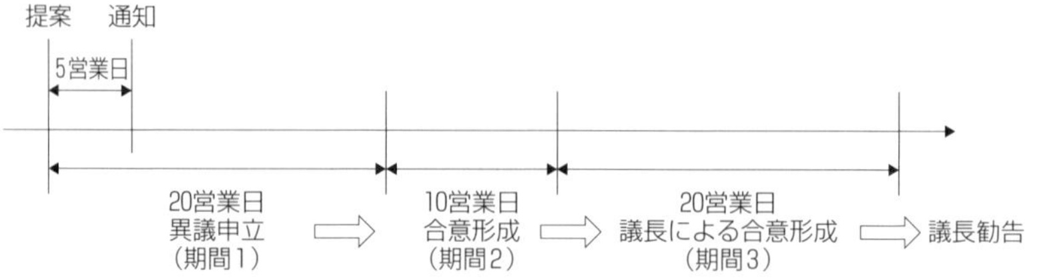

参加国に対して情報が配信される。[197]

このような更新の提案に対して、参加国は提案日から20営業日以内（期間１）であれば異議申立が認められる[198]（**図表１－３**参照）。異議を申し立てる参加国には、その根拠を書面で説明することが求められる。[199] 異議が申し立てられれば、事務局から全参加国への情報配信後10営業日間（期間２）、参加国は合意に向けて最善を尽くす努力義務を負う。[200] この期間内に合意に達しないときは、参加国の議長が続く20営業日間（期間３）、収拾のために最大限努力を払うことになる。[201] それでも意見が一致しなければ、議長が提案された更新について書面による勧告を行い[202]、参加国はこれを受諾しなければならない。[203] このような過程の中で更新が決定した場合は、５営業日以内に事務局から参加国に反映されたリストが配信され、その時点で更新が有効となる。[204]

197） ASU 2011/9, *supra* note 135, pp. 31-32.

198） ASU 2011/9, *supra* note 135, p. 32.

199） ASU 2011/9, *supra* note 135, p. 32.

200） ASU 2011/9, *supra* note 135, p. 32.

201） ASU 2011/9, *supra* note 135, pp. 32-33.

202） 議長勧告には、参加国によって表明された意見から醸成された多数説が反映される（ASU 2011/9, *supra* note 135, pp. 32-33）。多数説が存在しない場合には、議長は参加国によって表明された意見に排他的に依拠して勧告を行い、かつ不適格の際は適格性基準を含め勧告の根拠を明示する（*Ibid.*）。

203） ASU 2011/9, *supra* note 135, pp. 32-33. なお、「追加」の提案については、こうした一連の過程において否決となった場合に、参加国または非参加国により改めて提案されうることが制度上予定されている。改めて提案を行う上で参加国または非参加国には、先の不適格の決定が依拠する根拠への反証と、更新されたケープタウン条約質問票の取得および提出が求められる（*Id.*, p. 33）。この新たな提案には、本段落で述べた手続が準用される（*Ibid.*）。

204） ASU 2011/9, *supra* note 135, pp. 32-33.

こうして割引適格国に条約違反があった場合には、違反国を割引適格国のリストから消去する措置が取られ、それによって違反国に所在する航空会社は割引制度を利用できなくなる。このような枠組みを通じて、締約国による条約違反の情報がASU参加国の輸出信用機関の間で共有され、違反国に対する効果的な制裁が実施されることになる[205]。こうした制裁枠組みの存在は、割引適格国が機会主義的行動に走ることを抑止すると思われる。輸出信用機関による条約発効直後のこのような取引秩序の構築の背後にも、AWGの影が見え隠れする。AWGは起草過程において、各国の輸出信用機関に作業の進捗状況を逐次報告していた[206]。

V　結　語

条約形式による私法統一の長所と短所は結局のところ、その定義である「国家間で締結される国際合意[207]」に由来する。その短所は、取引の実態について無知で関心の薄い各国の政府代表が成立手続の主役を務める点に求められよう[208]。しかしだからこそ、その一方で条約形式を用いるならば、起草者達が国家に期待される役割をテクスト上で規定することを可能にするのである。言い換えれば、条約形式の採用は、起草段階において国家を組み込んだ取引秩序（ゲームのルール）を設計することを可能にし、それによって他の形式では達成しえない取引効率性を実現する潜在性を有している。これまでの私法統一プロジェクトの歴史の中で、このような条約の潜在的利点に起草方針が戦略的に定められたケースはそう多くはなかったのではあるまいか。

ケープタウン条約起草過程の初期に参画を果たし、さらに二元構造の下で自ら起草を担当することになった受益者達は、この潜在的利点に目をつけ、これ

---

205)　この割引制度との関係ではないが、絹巻はOECD加盟国間で貿易保険条件を取り決めることの利点として、一国で事に当たるよりも相手国に対して効果的に圧力をかけられる点を挙げる（絹巻康史『貿易経営行動』189頁（文眞堂、2001））。

206)　UNIDROIT 1996 Study LXXII-Doc. 23 p. 26.

207)　条約法に関するウィーン条約第2条1項a号。

208)　Goode 2005, *supra* note 177, p. 540.

を積極的に応用した。そして、彼らが条約という「国家間の合意」を利用して作り上げたのは、皮肉にも、取引というゲームから国家による非商事的な権力の行使を退場させるルール―私的実行を中核とする国際統一担保制度―であった。その前提として、従来国家が公共財として提供してきた国内登録簿に代わる国際登録簿を新設し、それを基盤とする公示・対抗制度を誕生させた。他方で、受益者たちは、そのような担保制度から生み出される取引効率性という果実をえさにうまく国家の関心と協力を引き出し、条約形式の短所を克服していく。さらに、締約国の条約遵守状況を効果的にモニタリングし、違反に対して制裁を付与するメカニズムを巧みに発展させることで、取引効率性の果実を得た国が機会主義的行動に走らないようにすることにも注意を払っている。これにより市場化条件(y)物権の強制可能性が確保される。このようにして受益者たちは、国家権力の干渉に対して極めて強固な自分たちの領分を確立したのである。

第2章

公示・対抗制度統一の現状[1]

I 導 入

前章では主にケープタウン条約の担保実行局面に焦点を当て、この局面から国家による恣意的な権力行使を駆逐する超国家的制度の建設を通して、航空機市場の国境を越えた拡大と効率化が進行している実態を明らかにした。これに対して本章では同条約の公示・対抗制度に目を転じ、どのようにして取引の促進が図られているのか考察する。

航空機については1948年ジュネーブ条約が、所有権や抵当権のための国際的な承認枠組みを市場に提供してきた。この条約は決して出来損ないではない。同条約の承認枠組みの下では、航空機を目的とする物権のうち、航空機の国籍国の法に基づいて成立し、かつ同国で登録されているものが、締約国で優先的に承認される。このことは、取引当事者に国籍国法に従って物権を取得・登録するインセンティブを与えるとともに、締約国にはその公示機能を担う登録制度構築のインセンティブを与えた。こうして航空機という高価で走行性に優れた財について、物権関係を特定の国家法によって規律し、特定の登録簿において調査できる体制が89の締約国の間に成立した。20世紀後半の国際航空交通の発展に、ジュネーブ条約は航空機の物権法的基礎を構築することで大きく寄与したと言える。それではなぜ、このような高い完成度を誇る抵触法的解決が廃棄され、新たにケープタウン条約による実質法の統一が指向されたのであろうか？

この章ではこの問いへの答えを、ケープタウン条約の発展過程を強力に牽引

1） この章は、拙稿「航空機ファイナンスにおける公示・対抗制度統一の現状：1948年ジュネーブから2001年ケープタウンへ」神戸法學雜誌63巻３号81頁以下（2013）の成果に依拠する。

している受益者達の性向を手掛かりとして探求する。法と経済学上、こうした受益者達は費用に対してシビアな取引主体として仮定される。これに倣えば、ジュネーブ条約によって形成された現状への彼らの不満とケープタウン条約にかける彼らの思いを、取引主体の眼を通して認識されるに至った取引費用の観点から説明することにも、一定の妥当性が認められると考える[2)]。具体的には、ケープタウン条約とジュネーブ条約の新旧両条約の下での航空機レバレッジド・リースの組成に伴う取引費用を分析する。この分析を通して、抵触法統一の限界と実質法統一の潜在性について、その一端の解明を試みる。

この章の構成は次の通りである。Ⅱでは、ジュネーブ条約が現代の航空機ファイナンスにおいてどのような役割を果たしているのかを検討する。次にⅢでは、ジュネーブ条約を費用の観点から分析し、取引促進の足枷を特定する。そしてⅣでは、それらの問題の克服のために、ケープタウン条約がどのような方策を講じているのかを解明する。最後にⅤにおいて、以上の考察を通して得られた政策的含意をまとめることにする。

Ⅱ　1948年ジュネーブ条約の概要と意義

この節では、ジュネーブ条約の概要と意義について述べる。同条約によって提供された航空機のための物権法秩序の下で、これまでに数多くの取引が組成され、航空機ファイナンスの洗練化と多様化が促進された。そこで1では、今日の代表的なストラクチャーの1つであるレバレッジド・リースを取り上げ、その構造について法的観点から説明する。なお、ここで示す取引構造は、以降で展開する議論において適宜参照され、本稿全体を通してモデルとしての役割を担うことになる。2では、同条約の全容を把握できるようその概要を説明する。そして3では、同条約の意義を考察する。

2）　この切り口は、森田修『債権回収法講義』（有斐閣、第2版、2011）に近い。そこでは、債権回収を主導する法主体のcost-sensitiveな性向に着目し、債権回収の制度分析において、私的秩序付け（private-ordering）とフォーマルな法制度との交互作用を検出することの必要性が強調されている。そして、法の行為規範としての側面をも視野に入れて、債権回収法の再編が図られている（同上、12-13頁）。

1　モデルの設定

この節では、シンプルな航空機レバレッジド・リースの法的構造を紹介する。レバレッジド・リースとは、レッサー、レッシー、サプライヤー、そして資金提供者の間で組成される次のような取引を言う（図表2-1）[3]。まず、資金提供者がレッサーに航空機の購入資金を貸付ける。レッサーは、その資金を使ってサプライヤーから航空機を購入し、その航空機をレッシーにリースする。このとき資金提供者のために、航空機について抵当権が設定されるとともに、リース料債権について譲渡担保が設定される[4]。航空機に関する物権の帰属をまとめると、所有権がレッサーに、抵当権が資金提供者に、そして占有権がレッシーに分配されるわけである[5]。なお、資金提供者からレッサーへの貸付けは、ノン・リコースでなされる。これは、レッシーがリース料債務をデフォルトした場合に、資金提供者は直接の融資先であるレッサーに対して貸付金の返済を求めることができない旨の特約のことである[6]。この場合に資金提供者は、リース料債権に設定を受けた譲渡担保を実行した上で、債権者として直接レッシーから債権の回収を図ることになる。この過程で、航空機抵当権が実行されうる。ファイナンス・リースが、レッサー、レッシーおよびサプライヤーの3

3）レバレッジド・リースの構造については、以下の文献に負うところが大きい。すなわち外立憲治「国際リース取引の構造」加藤一郎ほか編『リース取引法講座（下)』235頁以下（金融財政事情研究会、1987)、青木昭男「国際リース」金融財政事情研究会編『実戦国際金融取引：各種取引の実際から債権保全まで』183頁以下（金融財政事情研究会、新版、1988)、舟橋克剛『レバレッジドリース』15-38頁（金融財政事情研究会、1995)、大垣尚司『ストラクチャード・ファイナンス入門』184-185頁（日本経済新聞社、1997)、千石克「航空機ファイナンス」西村総合法律事務所編『ファイナンス法大全（下)』432-437頁（商事法務、2003)、千石克「ストラクチャード・ファイナンス取引における担保を目的とした信託の利用」西村ときわ法律事務所編『ファイナンス法大全（アップデート)』717-719頁（商事法務、2006)、鈴木秀彦＝井門慶介「航空機ファイナンスの理論と実務（上・中・下)」金融法務事情62巻10号6-19頁・同11号64-73頁・同12号 60-71 頁 (2014)、Philip Wood, *Comparative Law of Security Interests and Title Finance* (2nd ed.) 713-714 (2007) および Roy Goode, *Goode on Commercial Law* (4th ed.) 777-779 (2010) の9つである。

4）このほか航空機保険、メーカー保証、賠償請求権等も担保に供される（外立1987・前掲（注3）242、246頁および Wood 2007, *supra* note 3, p. 550を参照)。

5）航空機の所有権はレッサーに帰属するが、その所有権は法的にはむしろ担保に近い扱いを受ける（大垣1997・前掲（注3）182頁)。

6）舟橋1995・前掲（注3）15-18頁。

者間取引であるのに対して、レバレッジド・リースではこれに資金提供者が加わり、その資金力を背景に航空機等を対象とする大型案件の組成が可能となる[7)]。例えばボーイング社の最新鋭機である787型機は、1機あたり2億ドルを上回る[8)]。

このストラクチャーにおけるレッサーの拠出額は通常、所要資金の20〜40%程度であるとされる[10)]。そこで出資比率を仮に、資金提供者からの借入金が80%、レッサーの自己資金が20%とすると、この場合にレッシーへの与信リスクは20%で済むが、償却は100%、金利負担は80%分が経費として損金経理できる[11)]。このことからレバレッジド・リースは、リースが持つ税務効果を最大化できるよう構成されたタックス・オリエンティッド・リースであると言われる[12)]。こうした税務効果の一部はリース料に換言され、レッシーは優に市場金利の半分以下の金利コストを享受できたとされる[13)]。日本のリース会社も80年代前半には、円の低利を利用して資金提供者の立場から取引に積極的に参加し、その取引は「ショーグン・リース」として世界にその名を轟かせた[14)]。また85年以降には、日本のリース会社が決済処理を担当し、日本企業をレッサーとして償却メリットを享受させる日本型レバレッジド・リースの組成が隆盛を見た[15)]。しか

7） 青木1988・前掲（注3）187-189頁。

8） 〈http://www.boeing.com/company/about-bca/#/prices〉(visited September 3, 2015).

9） この図の作成にあたっては、特にGoode 2010, *supra* note 3, p. 779を参考にした。なお、一般にレッサーには倒産隔離の観点からSPCが起用される。その理由は、航空会社にとってレッサーの倒産によるリースの解除と航空機の引上げのリスクは取ることができないことによる（鈴木＝井門2014上・前掲（注3）10-11頁）。

10） 青木1988・前掲（注3）187-189頁および千石2003・前掲（注3）432頁を参照。

11） 舟橋1995・前掲（注3）38頁。

12） 舟橋1995・前掲（注3）15頁。ここで言う税務効果とは、「リースでの使用期間が法定の償却期間より長くて初期には償却費等の費用がリース料収入より多く、その期間損益が後に逆転するまで赤字で利益および納税の繰延べができること」を意味する（同上）。

13） 青木1988・前掲（注3）191頁。青木1988はその他のリースの利点として、①付帯経費がリース資産化され費用の繰り延べが図られ、リース料の支払も元利均等方式が取られるため、前半に資金負担の重い銀行貸付けに比べ資金繰りの軽減に資すること、②リース期間が物件の耐用年数に近い形で設定されるため、銀行借入れに比べ長期ファイナンスの提供が可能なこと、③企業の資金繰りが悪化した場合はSale and Leasebackの利用により、現有資産から資金の捻出が可能となること等、7項目に言及する（191-193頁）。

14） 外立1987・前掲（注3）246-247頁。

図表２－１　航空機レバレッジド・リース[9]

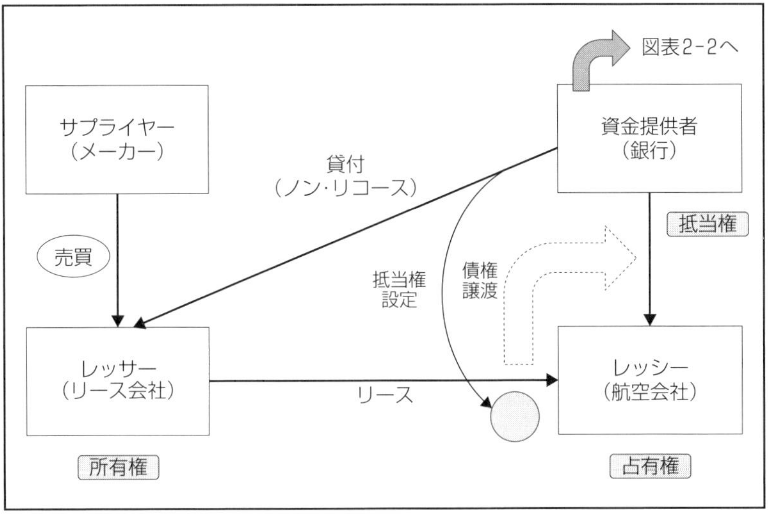

し、海外航空会社向けレバレッジド・リースは、平成10年改正法人税法施行令により事実上不可能となったとされ、現在は国内航空会社向けに限られている[16]。

ところで航空機購入資金の貸付けは、シンジケート・ローンでなされるのが一般的である。つまり、**図表２－１**の資金提供者は複数の債権者から構成されることになる。この場合に実務では、航空機抵当権を信託（セキュリティ・トラスト）し、抵当権を受託者（A銀行）１人に帰属させることで、権利関係の簡素化に伴う費用削減を様々な局面で達成することが試みられる（**図表２－２**）[17]。

15）　外立1987・前掲（注３）250-252頁。また、舟橋1995・前掲（注３）15-18頁も参照。

16）　千石2003・前掲（注３）433頁および鈴木＝井門2014上・前掲（注３）17頁。なお、その後の外国航空会社向け航空機リースは、コールオプション付日本型オペレーティングリースの仕組みに基づいて実施されている（鈴木＝井門2014上・前掲（注３）17頁）。

17）　セキュリティ・トラストの利用は海外案件では一般的であるのに対して、日本では、設定に信託業法の免許が必要であり、また信託法改正に合わせて民事執行法や各種倒産法制の改正が行われず諸論点が今後の解釈に委ねられたことから、広く利用されるには至っていないとされる（鈴木＝井門2014中・前掲（注３）68頁）。

図表２－２　セキュリティ・トラスト

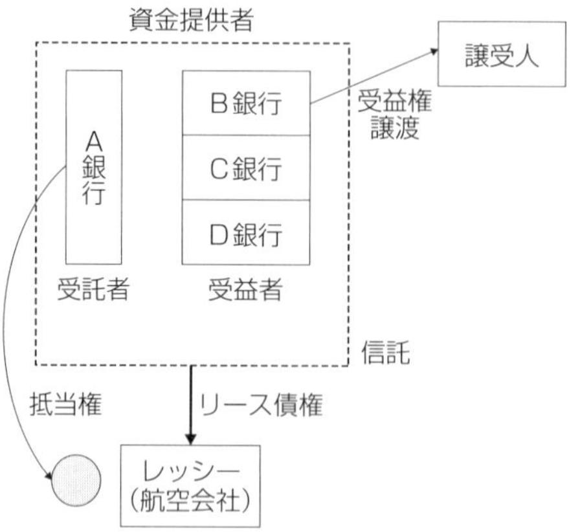

具体的に説明すると、例えば航空機抵当権の登録の局面では、信託を利用しなければA銀行、B銀行、C銀行およびD銀行のすべてが抵当権者となる。この場合に登録制度の設計如何では、それぞれが抵当権の登録を要求されるかもしれない[18]。これに対して信託を利用するならば、A銀行だけが抵当権者となり、登録費用を相対的に節約できる可能性がある[19]。また、債権者の１人（B銀行）が購入資金債権を譲渡しようとする場合に、信託は受益権のみの譲渡を可能にする。つまり、登録名義人の変更を要さないため、この局面でも費用削減が達成されうる[20]。さらに、信託の組成は、担保物の管理局面でのモニタリングの重複を抑止し、実行局面での債権者間の足並みの乱れを回避する[21]。これらの利益は例えば代理によっても実現しうるが、この場合には代理人の倒産リクスを隔離できない[22]。このように取引主体は、より費用負担の小さい取引構造を形成するインセンティブを持っている。

２　概　要

次に、以上のような取引構造の組成を可能にするジュネーブ条約について簡

18）登録費用は特に海外の金融機関が含まれる場合に、登記簿謄本や印鑑証明等に相当する当該国の会社関係書類、当該国公証人の認証を受けた委任状、それらの翻訳等を揃える必要があるため、かさむことが指摘されている（鈴木＝井門2014中・前掲（注３）68頁）。

19）千石2006・前掲（注３）720-721頁。

20）千石2006・前掲（注３）720-721頁。また、Wood 2007, *supra* note 3, pp. 75, 76-77, 79, 83も参照。

21）千石2006・前掲（注３）720-721頁。また、Wood 2007, *supra* note 3, pp. 75, 76-77も参照。

22）Wood 2007, *supra* note 3, pp. 75, 76-77.

単に紹介しよう。この条約は、正式には「航空機を目的とする諸権利の国際承認に関する条約（Convention on the International Recognition of Rights in Aircraft）」という[23)]。その目的は、①航空機抵当権者の保護、②隠れた担保権からの第三者の保護、③航空機に関する優先効の定義と保護および④国境を越えた航空機の移転の促進の４つにあるとされる[24)]。1953年９月に発効し、現在89ヵ国が締約国となっている（日本は未批准）[25)]。

条約の起源は、1931年に国際航空法専門家委員会（Comité International Technique d'Experts Juridiques Aérien）が起草した２つの条約草案に遡る[26)]。２つの草案が準備された背景には、航空機に設定された抵当権の承認を渋る国が存在するのではないかとの憶測があり、そのため抵当権と所有権を分離した上で、それぞれ独立の草案として準備されることになった[27)]。両草案の統合は、1946年に開催された暫定国際民間航空機関（Provisional International Civil Aviation Organization, PICAO）の暫定会合において試みられた[28)]。同時にPICAOは、いくつかの課題の解決のために締約国に対する諮問を実施した[29)]。そして締約国から寄せられた意見を参考に、米国、英国、フランスおよびベルギーの４ヵ国の代表から構成されるアドホック委員会が再度草案を作成し、この草案が1947年５月のICAOの第１回会合で叩き台とされた[30)]。このような経緯を経て、1948年６

23）この条約の全訳として、日本航空営業部タリフ課「航空機の権利の国際的承認に関する条約」空法１号111頁以下（1955）がある。また本条約を扱う和文献として、池田文雄『国際航空法概論』（有信堂、1956）、栗林忠男「航空機における権利：国際立法とオーストラリア国内法」空法11号１頁以下（1967）、山崎悠基「航空機金融」岩原紳作編『現代企業法の展開：竹内昭夫先生還暦記念』663頁以下（有斐閣、1990）および工藤聡一「航空機金融」藤田勝利編『新航空法講義』279頁以下（信山社、2007）がある。

24）R. O. Wilberforce, "The International Recognition of Rights in Aircraft," 2 *International Law Quarterly* 421, p. 424（1948）.

25）〈http://www.icao.int/secretariat/legal/List%20of%20Parties/Geneva_EN.pdf〉（visited September 3, 2015）.

26）Nathan Calkins Jr., "Creation and International Recognition of Title and Security Rights in Aircraft," 15 *Journal of Air Law and Commerce* 156, pp. 162-164（1948）.

27）Calkins Jr. 1948, *supra* note 26, pp. 162-164.

28）Calkins Jr. 1948, *supra* note 26, pp. 162-164.

29）Calkins Jr. 1948, *supra* note 26, pp. 162-164.

30）Calkins Jr. 1948, *supra* note 26, pp. 162-164.

月にジュネーブで開催された同機関の第2回会合において、ジュネーブ条約は採択されたのである[31]。

ジュネーブ条約が承認対象とするのは、次の4つの権利である[32]。

(a)航空機の所有権。

(b)航空機の占有を伴う購入により航空機を取得する権利。

(c)6ヵ月以上のリースにおける航空機の占有権。

(d)債務支払の担保として、契約により設定された航空機の譲渡抵当権(mortgages)、抵当権(hypotheques)、その他これに類似する権利。

そして、これらの権利が国籍国法に従って有効に成立し、かつ国籍国で登録(record)されている場合に、締約国は承認義務を負うことになる[33]。このような承認義務の射程は、こうした権利の成立と効力の両面に及ぶと解されている。そのため締約国間には、非占有型担保をめぐる法制度の相違(例えば爾後取得財産、将来貸付けおよび極度額の取扱いに関する相違)を超克して、航空機の諸権利のための承認ネットワークが構築される[34]。さらに第2条2項は、登録の効力が国籍国法に従って決定される旨を明記する。このことから、債務者が倒産した場合や差押債権者との関係での抵当権の効力等の問題も、国籍国法に従って解決されると考えられている[35]。このような承認枠組みを通して権利者は、国際的に権利の成立と効力の保持を期待できる。

承認型条約という性格上、条約が適用されるためには、航空機が国籍国とは異なる地に所在し、かつ国籍国および所在地がともに締約国である必要がある[36]。そのため非締約国である日本の航空機に設定された抵当権が、締約国にお

31) Calkins Jr. 1948, *supra* note 26, pp. 162-164.

32) ジュネーブ条約第1条1項。

33) ジュネーブ条約第1条1項。なお、国籍国の国際私法に従って成立した権利が保護の対象となりうるかについて、起草者は肯定する(Calkins Jr. 1948, *supra* note 26, p. 164)。ただ、肯定説に立つとしても、これらの権利が国籍国で登録されていなければ締約国で承認されることはない。これに対し、例えばWood 2007, *supra* note 3, p. 750は法的安定性の見地から否定説をとる。

34) Wood 2007, *supra* note 3, p. 751.

35) Wood 2007, *supra* note 3, p. 752.

36) ジュネーブ条約第11条1項。

いて条約に基づき保護されることはない。その一方で、権利者の国籍は適用を左右する要件とはなっていない。そのため日本の企業であっても、ある締約国で登録されている航空機抵当権を別の締約国で実行する場合には、その抵当権が第1条1項の要件を満たす限り条約の恩恵に浴することになる。[37)]

なお、この条約とケープタウン条約の適用関係は航空機議定書第XXIII条で規定されており、それによれば、規律が重複する事項についてはケープタウン条約が優先的に適用される。ただ、同規定はあくまでケープタウン条約締約国間でのみ妥当し、ケープタウン条約の締約国と非締約国との間では、両国がジュネーブ条約に批准している限りジュネーブ条約が適用される。[38)]

3　意　義

ここでは、ジュネーブ条約の3つの意義について述べる。

(1)　所在地法主義からの離脱

同条約の意義はまず、航空機に関する物権の成立および効力について、国籍国法を基準にして承認ネットワークを構築したことにある。このような連結政策の意義は、物権一般の準拠法選択規則—所在地法主義—を航空機の物権関係に適用した場合に生じる費用を検討することにより、相対的に把握することが可能となろう。

物権については、目的物が不動産であるか動産であるかを問わず、所在地法によって規律される。[39)]目的物が動産であれば所在地を変える可能性があるが、この場合に旧所在地法の下で有効に成立している物権にどのような内容や効力を付与するかは、新所在地法（法廷地法）に基づいて判断される。[40)]そのため、

37)　Wood 2007, *supra* note 3, p. 752.

38)　条約法に関するウィーン条約第30条4項b号。また、Roy Goode, *Official Commentary on the Convention on International Interests in Mobile Equipment and the Protocol thereto on Matters Specific to Aircraft Equipment* (3rd ed.) par. 5.106 (2013) [hereinafter O. C. 2013] も参照。

39)　法の適用に関する通則法第13条。

40)　澤木敬郎＝道垣内正人『国際私法入門』256頁（有斐閣、第7版、2012)。法廷地の側から見ると、この場合には例えば外国担保物権と国内担保物権の優劣が争われることになり、後者が国内法の順位規定を前提として取得された以上、裁判所は国内法に基づいて判断せざるをえない↗

例えば物権の対抗力が新所在地で肯定されるためには、新所在地法の定める対抗要件を適時に充足することが要求される[41]。このルールの下で、絶えず担保権の置換えを要求される担保権者は、国際的に物権の効力を維持・管理する上で、高い費用負担を強いられることになる。航空機の可動性は、動産一般の場合に比べはるかに高い。目的物の所在地と物権の準拠法がリンクする所在地法主義によれば、航空機のように所在地変更の可能性と頻度が高い物件については、物権の互換性を確保するための費用が増大する。

所在地法主義はまた、航空機を担保にした融資を新たに検討している者にとっても、大きな費用負担を強いる制度である。この者が航空機の物権関係を正確に把握するためには理論上、その航空機が製造されてからこれまでに離発着したすべての地で調査することが要求されることになろう[42]。つまり、所在地法主義の下では物権に関する情報が拡散し、そのために検索者の情報取得費用が増大すると言える。事実、この理由のために、州ごとに登録簿が散在するカナダでは、連邦航空局（Federal Aviation Administration, FAA）が登録簿を一元的に管理する米国に比べて、航空会社が支払うファイナンス・コストが高額であったとされる[43]。

↘と感じるであろう（Ronald Cuming, "International Regulation of Aspects of Security Interests in Mobile Equipment," [1990] *Uniform Law Review* 63, p. 85）。つまりこの局面では、国内信用取引の保護や外国債権者への不当な特権付与の阻止を根拠に、自国の物権法秩序や債権者秩序の完全性を守ろうという努力がなされている（カール・クロイツァー（山内惟介監訳）『国際私法・比較法論集（日本比較法研究所翻訳叢書34）』69頁（中央大学出版部、1995））。なお、一口に所在地法主義と言っても、大陸法とコモンローではニュアンスに相違がある。Schilling 1985によれば、大陸法では担保物権の準拠法一般を問うのに対し、コモンローでは債権者の視点から担保目的物の譲渡や差押えの準拠法を個別に問うとされる。そのためコモンローでは、所在地が変更しただけでは担保物権の準拠法は変わらない（Theodor Schilling, "Some European Decisions on Non-Possessory Security Rights in Private International Law," 34 *International and Comparative Law Quarterly* 87, p. 93（1985））。

41） UNCITRAL, "Report of the Secretary-General: Study on Security Interests（A/CN. 9/131）," 8 *Yearbook of the United Nations Commission on International Trade Law* 171, p. 215（1977）. このことから、実質法上厳格な要件を課している非占有型担保に消極的な国ほど、外国担保の承認にも消極的であると結論付けられる（Schilling 1985, *supra* note 40, p. 105）。

42） Rex Rosales, "Recordation of Rights in Aircraft and International Recognition: A Comparison between the American and Canadian Situations," 16 *Annals of Air and Space Law* 195, pp. 236-240（1991）.

このように所在地法主義は、特に高い走行性を属性とする航空機について言えば、既成担保権の維持と検索の両方の観点から極めて不都合なルールである。裏を返せばジュネーブ条約の意義は、1948年の時点で航空機には所在地法主義が妥当しないことを国際的に確認し、その上で代替的連結点を国籍国に見出し、それにより航空機の物理的所在に左右されない不動の準拠法の下に債権者秩序を移譲した点に求めることができよう[44)]。こうした連結政策を通して創出される法的安定性は構造上、国籍国の特定の容易さと国籍の変更頻度の少なさに依拠することになる。「国籍国の特定の容易さ」は、シカゴ条約第18条が航空機の国籍取得義務と重国籍禁止を規定することで保障されている。そして「国籍の変更頻度の少なさ」については、ジュネーブ条約第９条が航空機の国籍変更の要件として登録簿上の全権利者による同意を課しており、この要件の存在が恣意的な国籍変更を大幅に抑制すると考えられる。この条約の連結政策は非締約国においても支持され、例えばわが国の抵触法上も、航空機の物権関係には条理により国籍国法を適用することが主張されている[45)]。

⑵　公示方法の統一

ジュネーブ条約の第２の意義は、航空機に関する物権の公示方法として占有を否定し、登録に一本化したことである。第１条１項の権利が締約国で承認されるためには、国籍国法に従って成立していることに加え、国籍国において登録されていなければならない[46)]。この要件は一方で、締約国における権利の承認を望む権利者に対して、国籍国で登録するインセンティブを与える。他方で、新たに取引を検討している者にとっては、国籍国で登録されていない権利が締約国で優先効を認められることはないことの保障となる。つまり国籍国の登録簿が、航空機の物権に関する信頼性の高い情報センターとして機能することが期待されているわけである[47)]。

条約は、登録制度のスペックについて若干の統一を試みている。登録の方

43)　Rosales 1991, *supra* note 42, pp. 236-240.

44)　Cuming 1990, *supra* note 40, p. 113.

45)　澤木＝道垣内2012・前掲（注40）252頁。

46)　ジュネーブ条約第１条１項。

47)　Wood 2007, *supra* note 3, p. 751.

法、効力、料金等は締約国の国内法規に委ねられているものの[48]、全締約国において自国籍の航空機を対象とした物的編成主義に基づく登録簿が設置される[49]。また、この登録事項に関して締約国は、申請があれば誰にでも、その謄本または抄本を交付する義務を負う[50]。この謄本や抄本には、反証がない限り、登録内容に関する証明力が認められる[51]。さらに、各締約国で登録簿の保管を担当する具体的な官署の所在情報は、国際航空に従事するすべての航空機に携行が義務づけられている登録証明書に記載される[52]。

ところで、航空機の国籍は通常、航空会社所在地で取得されると言われる。空の交通は各国の空域主権から派生する様々な制約の上に成立しており、航空機は国籍によって航行区域を厳格に画定される。ある国の航空機が他国の上空を航行できるのは、両国間に締結された協定において、それぞれの国に属する航空機に付与された特権のためである[53]。航空機を取り巻くこうした環境は、船舶の場合のように便宜置籍を発展させる代わりに、航空会社所在地の国籍を取得する取引慣行を形成した[54]。この慣行に従うならば、モデル上の航空機に関す

48) 登録の方法はジュネーブ条約第３条３項および第１条１項（ii）を、効力は第２条２項を、そして料金は第３条４項を参照。

49) ジュネーブ条約第２条１項。

50) ジュネーブ条約第３条２項。

51) ジュネーブ条約第３条２項。

52) ジュネーブ条約第３条１項。登録証明書は国籍国が発行する航空機の登録に関する証明書であり、そこには登録者の情報や、航空機の国籍、登録記号、型式、製造者、シリアルナンバー等が記載される（坂本昭雄＝三好晉『新国際航空法』135頁（有信堂高文社、1999））。登録証明書の携行義務は、シカゴ条約第29条に規定されている。

53) 伊沢孝平『航空法』28頁（有斐閣、1964）。

54) 航空機に関して便宜置籍が一般的ではないことについて、Andrew Littlejohns, "Legal Issues in Aircraft Finance," In: Andrew Littlejohns and Stephen McGairl (Eds.), *Aircraft Financing* (3rd ed.) 281, pp. 291-292 (1998)、I. H. Ph. Diederiks-Verschoor, *An Introduction to Air Law* (8th revised ed.) 16-17 (2006) および Rigas Doganis, *The Airline Business* (2nd ed.) 57 (2006)（同書の事実上の初版である Rigas Doganis, *The Airline Business in the Twenty-First Century* (2001) の邦訳として、塩見英治ほか訳『21世紀の航空ビジネス』（中央経済社、2003）がある）を参照。また、伊沢1964は船舶と航空機ではそもそも国籍の目的が異なると述べる。これによると、船舶の国籍が有機的共同体として公海上に長期にわたり滞留を可能にする上でその個性を国際的に識別する必要から生じたのに対し、航空機の国籍は航行特権のために航空機と当該国家の間に連繫を設定しておく必要から生じたとされる（伊沢1964・前掲（注53）27-28頁）。

る3つの権利、すなわちレッサーの所有権、資金提供者の抵当権およびレッシーの占有権はすべて航空会社所在地の登録簿で公示されることになる。[55] これらの物権はいずれも条約の承認対象であるため、登録によりすべての締約国で保護を受ける。[56]

(3)　先取特権に対する制約

ジュネーブ条約の第3の意義として、第1条1項所定の権利に優先する航空機先取特権を限定することで、相対的に所有権や約定担保権の効力を強化している点が挙げられる。条約上、航空機先取特権の対象として認められる債権には4種類がある。

まず、航空機のサルベージ費用である。第4条1項によれば、航空機のサルベージや保管のための処置が完了した国の法律上、当該費用について航空機先取特権が成立する場合に、その優先効が締約国で承認される。この優先効は債権成立地では、国内法に基づいて効力を付与される。それに対して債権成立地以外の締約国では、この優先効は処置の完了時から3ヵ月が経過すれば、原則として承認されない。[57] サルベージ債権者が債権成立地以外の締約国で期間経過後も優先効の継続を望む場合には、3ヵ月以内に国籍国の登録簿に記載し、かつ当事者の合意によって請求額を確定するかまたは当該債権に関する裁判を提訴しなければならない。[58] つまりサルベージ債権は、国籍国で公示されなければ3ヵ月で国際的には失効する。[59]

---

55)　Bernstein 1998は、国際レバレッジド・リースにおいてレッサーが航空機の所有権を手放さないことにより自国の税制上のメリットを享受するには、レッサーがレッシー所在国の登録簿上で所有者として登録されるているかが鍵となるとする。また、資金提供者もレッシー所在国での抵当権の登録を求めるとされる（Arthur Bernstein, "A Lessee's Guide to Structuring Cross-border Aircraft Leases," In: Andrew Littlejohns and Stephen McGairl (Eds.), *Aircraft Financing* (3rd ed.) 86, p. 96 (1998)）。

56)　所有権はジュネーブ条約第1条1項a号で、抵当権は同d号で、そして占有権は同c号で規定されている。

57)　ジュネーブ条約第4条4項。

58)　ジュネーブ条約第4条4項。これに伴い、第4条3項はサルベージ債権者に対し国籍国の登録簿に記載する権利を付与する（Wilberforce 1948, *supra* note 24, p. 446)。すなわち、サルベージ債権については第2条3項の適用が免除される（*Ibid.*)。

59)　Wilberforce 1948, *supra* note 24, pp. 429-430.

条約上、航空機先取特権の対象として認められる２つ目の債権は、航空機に起因する不法行為損害賠償費用である。第７条５項は、航空機によって地上の人や財産に損害が発生した場合の賠償費用について、強制競売による換価金の20％を上限として優先弁済に供する旨の法律を締約国が立法することを容認する。そして、この先取特権の目的物には事故機に加え、抵当権者が事故機の所有者から抵当権の設定を受けている他の航空機も含まれる[60]。このことから一見すると、不法行為債権者には広範な目的物を範疇に含む強力な優先効が認められているかのように思われる。しかし、不法行為債権者がこの優先弁済権を享受できるのは、債権成立地で強制競売がなされる場合に限られる[61]。その他の締約国で強制競売がなされる場合には、不法行為債権の優先効が承認されることはない。さらに債権成立地でも、不法行為債権に関する優先弁済制度はあくまで、賠償保険が十分に付されていない場合の代替的な救済措置として立法されうるに過ぎない[62]。実際には賠償保険が付されないことは想定し難いため、実務上この種の航空機先取特権の存在に苦慮する必要はないとされる[63]。

３つ目の債権は、強制競売費用である。条約上この債権には、サルベージ費用にも優先する効力が付与されている[64]。そして最後が、締約国の公法に違反した場合に生じる罰金である。締約国には、航空機が出入国管理、関税または航行に関する自国の法規に違反したことにより発生する罰金について、当該航空機について第１順位の法定担保物権を取得することが認められる[65]。

以上の説明から明らかなように、登録されることなく他の権利に優先する法定担保物権を制限する上で、ジュネーブ条約は多面的なアプローチを展開している。まず、種類の観点からの制約である。締約国において、航空機先取特権の対象として認められる債権は上記４種類のみであり、破産管理費用、租税、

60） ジュネーブ条約第７条５項。

61） ジュネーブ条約第７条５項。

62） ジュネーブ条約第７条５項。

63） Wood 2007, *supra* note 3, p. 755.

64） ジュネーブ条約第７条６項。

65） ジュネーブ条約第12条および Legal Subcommittee of the Air Coordinating Committee, "Annotated Text of Convention on International Recognition of Rights in Aircraft," 16 *Journal of Air Law and Commerce* 70, p. 89（1949）を参照。

乗員の給与、修理費用といったその他の債権は、第１条１項所定の権利に劣後する形でしか肯定されない[66]。次に、法源の観点からの制約である。上記４債権のすべてに言えることであるが、航空機先取特権は条約に基づいて成立するわけではない。条約は締約国が国内法上これらの債権に航空機先取特権の地位を付与することを容認しているに過ぎず、そのためそうした法律を持たない締約国では、上記４債権に該当する場合でも優先効が生じるわけではない。そして最後は、地理的観点からの制約である。つまり、サルベージ費用を除く３つの債権は、締約国での優先的承認が予定されておらず、債権成立地でのみ優先効を伴うに過ぎない。こうした重層的な制約は、締約国の増加と相まって、航空機先取特権に対しては船舶先取特権ほど注意を払わなくてよいとの実務の評価を勝ち取るまでに有効に機能した[67]。この条約の存在が、隠れた担保権の存在リスクを抑制していたのである[68]。

Ⅲ　1948年ジュネーブ条約をめぐる諸問題

こうしてジュネーブ条約は、航空機ファイナンスのための物権法的基礎を築くことで、航空産業の発展に大きく貢献した。しかし、ケープタウン条約・航空機議定書の誕生の背景には、ジュネーブ条約によって形成された現状への強い不満があったと考えられる。本章では、ジュネーブ条約の下で航空機レバレッジド・リースを組成する際に生じうる取引費用に着目し、同条約をめぐる問題の所在を明らかにする。

ジュネーブ条約をめぐる問題は、条約構造内部の各層および外部に散在する。1では、実質規定に関する問題点を取り上げる。2では、抵触法的構造に内在する問題、すなわち最良のルールをデザインしたとしても克服し難い構造上の限界について述べる。そして3では、条約の構造上外部化されている問題、すなわち抵触法的アプローチを採ることで解決が放棄された課題について

66）　Wood 2007, *supra* note 3, p. 756.
67）　Wood 2007, *supra* note 3, p. 568.
68）　Wood 2007, *supra* note 3, p. 568.

考察する。

1　実質規定の問題点

この節ではジュネーブ条約の実質規定に関する問題点として、「エンジンの法的地位」と「私的実行へのクビキ」に言及する。前者は、採択から半世紀の間に法内容が取引慣行の進化に置き去りにされ、その乖離のために取引費用の源泉として広く認識されている問題である。そして後者では、条約起草にあたり抵当権実行の方法に関してなされた大陸法国への妥協が、この局面から柔軟性を排除し、その結果、航空機の担保価値を著しく損なう要因となっていることを指摘する。

(1)　エンジンの法的地位

1つ目の問題点は、条約が航空用エンジンに独立の担保目的物としての地位を認めていないことから生じる。条約におけるエンジンの位置付けは、航空機について定義した第16条から間接的に導くことができる。すなわち、同条によれば「航空機」とは、「機体、エンジン、プロペラ、無線機、その他機内での使用を目的とする全ての物品」（傍点筆者）を指す。これらの物品は、機体に搭載されている間はもちろん、修理等の目的で一時的に機体から取り外されている間も、航空機の一部として扱われる[69)]。つまり条約上、エンジンはあくまで機体の従物でしかない。このことから、「航空機」を目的とする第1条1項の権利の効力は、エンジンにも及ぶことになる。

さらに第1条1項の権利の射程は、国籍国法が認める場合には、締約国の特定の場所に恒常的に貯蔵されているエンジン等の予備部品にまで拡張される[70)]。こうした予備部品は航空運送を円滑に行う上で不可欠であり、条約起草当時、その調達費は航空会社の資金需要総額の25 %以上になることも稀ではなかっ

---

69)　ジュネーブ条約第16条。

70)　ジュネーブ条約第10条1項。同項から明らかなように、予備部品のみを目的とする担保権は保護の対象ではない（Wilberforce 1948, *supra* note 24, p. 434）。なお、「予備部品」については第10条4項で定義されており、それによると「航空機部品、エンジン、プロペラ、無線機、計器、器具、什器およびこれらの部品、その他その種類を問わず、一般に取り外される部品または物品の取替用として機内に保存される物品」（傍点筆者）とされる。

たとされる[71]。そこでこの調達費の低減を図る目的で、航空路線網の要衝に分散配備されている予備部品全体を目的とするfloating chargeの成立と効力を締約国間で肯定する本条が挿入された[72]。債権者がこのようなfloating chargeを利用するには、２重の公示要件をクリアする必要がある。第１に、予備部品の種類と概数を示した明細が国籍国で登録さている書類に添付されなければならない[73]。第２に、航空会社と新たに取引を行う者が予備部品をめぐる権利関係を把握できるよう、予備部品が貯蔵されているすべての地で、権利の種類、権利者の名称と住所、そして権利の登録事項が公告されなければならない[74]。この２つの要件が充足されるならば、航空会社はfloating chargeを損なうことなく、複数の貯蔵庫に備蓄された予備部品を自由に出し入れできる[75]。このように条約は、機体とエンジンの間に強い一体性を仮定し、第１条１項の物権の効力の及ぶ客体の範囲を広めに設定している。

しかし、こうした機体とエンジンの一体性は今日、仮定としての妥当性を失っている。航空用エンジンは機体への着脱が可能なモジュールである。そしてジェット・エンジンの登場によって加速した高額化を背景として、エンジンのみを目的とするオペレーティング・リースや、航空会社の垣根を越えたエンジン・プールといった、航空会社が必要なエンジンを効率的に確保しうる新たな手法が出現した。このことは、エンジンを従物の地位から解放することへの強いニーズを生起させる。例えば、オペレーティング・リースにより航空会社に提供されたエンジンが第三者のために担保権が設定されている機体に取り付けられるならば、条約上エンジンは機体の一部として構成されるため、リース会社がもつエンジンの所有権は著しく法的安定性を欠くことになる[76]。また、エ

71）　Calkins Jr. 1948, *supra* note 26, p. 177.

72）　Calkins Jr. 1948, *supra* note 26, p. 177.

73）　ジュネーブ条約第10条２項。

74）　ジュネーブ条約第10条１項。

75）　ジュネーブ条約第10条２項。なお、このfloating chargeの優先弁済について、締約国は競落額から共益費を差し引いた額の３分の２に制限できる（同３項）。これは、航空会社と取引関係にある現地の一般債権者の保護を目的とする（Legal Subcommittee of the Air Coordinating Committee 1949, *supra* note 65, p. 88 および Legal Commission of ICAO, *Second Assembly Minutes and Documents*（DOC 5722）95（1948）を参照）。

ンジン・プールから調達されたエンジンが機体に取り付けられる場合にも、同様の理由により、エンジンに設定されていた担保権は機体に設定されていた担保権に対抗できないおそれがある[77]。このように条約が前提とする機体とエンジンの一体性は、航空用エンジンを取り巻く現代のビジネス環境から著しく乖離している[78]。

(2) 私的実行へのクビキ

2つ目の問題点は、航空機抵当権のための実行制度が強制競売を中心に構成されており、このことが私的実行の利用の大きな妨げとなっていることである。条約は強制競売手続について、基本的には締約国の国内法規に委ねつつも[79]、手続の公正性を達成するために最低限必要と思われる事項のみを規定する方針を採る。競売手続はまず、実行債権者が登録抄本を裁判所に提出することによって開始する[80]。それを受けて裁判所は競売の日時と場所を決定するが、6週間より後の日時が指定される[81]。こうして日時と場所が決まれば、実行債権者は次に国籍国において、少なくとも1ヵ月前に競売を公告するとともに、書留便で（可能な場合には航空便で）登録簿記載の所有者およびその他の権利者に競売を通知するよう義務付けられている[82]。競売の結果、換価金が先順位者の被担保債権総額に充たない場合または競落人がこれらの弁済を引き受けない場合には、手続は無効となる[83]。この規定の目的は、競売による配当を見込めない債権

76） Wood 2007, *supra* note 3, p. 565. この場合に実務では、リース会社と機体の所有者の間で、エンジンの引渡しを求める債権債務関係を生み出すために、エンジンの所有権がリース会社にあることを確認する旨の契約が締結されることになる（鈴木＝井門2014下・前掲（注3）65-66頁）。

77） Wood 2007, *supra* note 3, p. 565. その前提として契約上、リースの目的物であるエンジンをレッシーがプールに供しうることについては、青木1988・前掲（注3）205頁および Donald H. Bunker, *International Aircraft Financing* (vol. 2) 139 (2005) を参照。

78） この問題点は、ケープタウン条約の起草過程において AWG によっても示唆されている（UNIDROIT 1995 Study LXXII- Doc. 16 p. 30）。

79） ジュネーブ条約第7条1項。

80） ジュネーブ条約第7条2項b号。

81） ジュネーブ条約第7条2項a号。

82） ジュネーブ条約第7条2項b号。

83） ジュネーブ条約第7条4項。この規定は、強制競売による全担保権の消滅を主張するヨーロッパ諸国と先順位担保権の非消滅を主張する米国との妥協を反映している（Wilberforce 1948, *supra* note 24, p. 449）。

者の主導による手続を抑止することにある。[84] そして、このような手続に従って競売がなされる場合にのみ、競落人によって引き受けられた債務を除くあらゆる権利が消滅し[85]、競落人による航空機の現国籍の抹消と新国籍の取得が可能となる。[86]

しかし、この手続によれば、申立てから配当までに最短でも6週間が空費されてしまう。この間、担保権者は航空機の減価リスクや中古機市場の変動リスクに曝される。加えて、航空機の場合にも、強制競売による競落額は一般に任意売却による売却額を大幅に下回るおそれがある。[87] 私的実行の迅速性と柔軟性には、こうした強制競売の短所を克服できる潜在力がある。

ところが締約国で私的実行を行う場合には、条約の強制競売手続に関する諸規定が事実上の禁止規定として機能する。まず、締約国には、条約所定の手続に従って航空機が処分されなかった場合に、処分日から6ヵ月以内にそれによって損害を被った者からの請求があれば、その処分を取り消すことが許されている。[88] また、任意売却の場合には、航空機を目的とする諸権利は有効に消滅しない。[89] さらには、登録簿上の全権利者が同意しない限り航空機の国籍変更もかなわない。[90] ここでいう権利者には、所有者やレッシーも含まれると解されている。[91] こうした一連の規定の存在は、私的実行により航空機を処分した場合の権利関係を極めて複雑で不安定にする。読者の中には、それではいっそのこと締約国での私的実行を諦め、代わりに非締約国で担保権者は任意売却を実施し、非締約国の国籍を買受人は取得すればよいのではないか、と考える者もいよう。しかし、190ヵ国が批准するシカゴ条約第18条によって、航空機の重国

84) Legal Subcommittee of the Air Coordinating Committee 1949, *supra* note 65, p. 84.

85) ジュネーブ条約第8条。

86) ジュネーブ条約第9条。また、第11条2項a号も参照。

87) 阪木清「航空機」石井真司＝西尾信一編『特殊担保：その理論と実務』216-217、222頁（経済法令研究会、1986）。

88) ジュネーブ条約第7条3項。

89) ジュネーブ条約第8条。

90) ジュネーブ条約第9条。

91) Wood 2007, *supra* note 3, p. 570. また、登録当局の官吏によっては政治的理由により手続を遅らせるおそれがあるため、実務では事前に登録当局の約束と所有者またはレッシーの同意を取り付ける方法がとられていた（*Ibid.*）。

籍は禁じられている[92]。このことは、新国籍の取得のためには、現国籍の有効な抹消が前提となることを意味する。この点を考慮するならば、私的実行の場合にジュネーブ条約締約国の国籍を抹消できないことは事実上、ジュネーブ条約非締約国での新国籍の取得をも不可能にする[93]。このように、航空機抵当権の実行局面から私的自治を駆逐する諸規定の存在が、航空機の流動性を阻害する要因となり、捨て売りを加速させる[94]。その結果、担保目的物としての航空機の価値は大きく損なわれることになる。

2　抵触法的構造の限界

Ⅱ－3－(1)で見たようにジュネーブ条約は、航空機の物権問題に対して抵触法上の模範解答を与え、相対的に取引費用を低減することに成功した。しかし、このような優れた抵触法的解決でさえもケープタウン条約の起草に関与した受益者達を満足させることはできなかった。この節では抵触法的構造に内在する費用抑制上の限界を、2つに分類した上で考察する。

(1)　外国法の調査費用

第1の限界は、国籍国法の適用により生じる費用の観点から説明できる。条約は、航空機の物権について所在地法との連結を断ち、変更頻度がはるかに低い国籍国法の下に債権者秩序を置くことで、法的安定性を創出するという政策を採る。ところで航空機の国籍は通常、航空会社所在地で取得される。そのため航空機の物権関係を規律する国籍国法とは事実上、航空会社所在地法を意味する。こうした状況の下で国籍国法を基準とする承認枠組みは、レッサーや資金提供者に対して、親しみのある法システムの下での物権の取得を断念させ、航空会社所在地法の登録可能な物権のカタログの中から選択を行わせるインセンティブを与えることになる[95]。さらに、このようなインセンティブは締約国

92)　締約国数について、〈http://www.icao.int/publications/Documents/chicago.pdf〉（2013年2月20日閲覧）を参照。

93)　Wood 2007, *supra* note 3, p. 274.

94)　グレゴリー・ユーデル（高木新二郎＝堀池篤訳）『アセット・ベースト・ファイナンス入門』135-143頁（金融財政事情研究会、2007）および Wood 2007, *supra* note 3, pp. 373-374を参照。

95)　Bernstein 1998, *supra* note 55, pp. 96-97. また、ケープタウン条約の起草過程において↗

に、自国法によらない権利の登録を禁じる権限が付与されているために、一層強化される。[96] この結果、物権の成立および登録に伴い、必然的に外国法を調査するための費用が発生する。[97]

この種の費用は、仕組船ファイナンスの場合には相対的に小さいと考えられる。例えば代表的な便宜置籍国の１つであるリベリアについて言えば、船舶抵当権を規律する「海事法」が米国の「船舶モーゲッジ法」をほぼ丸写しにした内容であることに加え、ニューヨークの代理公使事務所でも船舶抵当権の登録を行えるようにしている。[98] このようにリベリアは、米国人のために物権の成立および登録に伴う費用発生を効果的に抑止する制度を整備することで、事実上「米国の域外登録簿（US off-shore registry）」[99] としての地位を築いている。[100] これに対して、便宜置籍が利用できず、航空会社所在地での物権の成立と登録を要求される航空機ファイナンスでは、取引の度に調査の対象となる法システムが異なるため、費用が発生する。しかも、調査によって得られた情報を他の取引に転用することが難しいため、この種の費用は通時的にも回収しがたいという属性を帯びることになる。[101] またこの結果、資金提供者は自身が手掛ける航空機

↘AWG は当初、国内法に基づく担保権に依拠した法的枠組みを構想し、その上で担保権の成立及び効力を契約準拠法に委ねることを提案していた（UNIDROIT 1995 Study LXXII-Doc. 16 pp. 9-12）。その一方で国籍国法に委ねることについては、当該法で認められていない種類の担保権には条約が適用されないことになるため、望ましくないとしている（*Ibid.*）。

96）ジュネーブ条約第２条３項。

97）この費用については、AWG によっても示唆されている（UNIDROIT 1995 Study LXXII-Doc. 16 p. 30）。

98）Wood 2007, *supra* note 3, pp. 571-572.

99）Wood 2007, *supra* note 3, pp. 571-572. またパナマについても、船舶抵当権の予備登録を世界の主要10都市の領事館で行える仕組みを整備する等の努力により、「緊急の案件でもあまり不安は感じない」という評価を勝ち取るに至っている（柏倉栄一「船舶ファイナンス」西村総合法律事務所編『ファイナンス法大全（下）』442頁（商事法務、2003）および Wood 2007, *supra* note 3, pp. 571-572, 574）。

100）リベリアの船舶登録簿は、1948年に元米国国務長官 Edward Stettinius によって設立され、現在リベリア政府の委託により米国バージニア州に拠点を置く Liscr 社によって管理・運営される（Nicholas Shaxson, *Treasure Islands : Tax Havens and the Men Who Stole the World* 20 (2012) 藤井清美訳『タックスヘイブンの闇：世界の富は盗まれている！』（朝日新聞出版、2012）および〈http://www.liscr.com/liscr/〉（2016年２月２日閲覧）を参照）。

101）こうした外国法の調査に要する費用の大きさについては、Rosales 1991が紹介するジュネーブ条約批准後の米国における以下の逸話からも伺い知ることができる。それによると、統一商↗

ファイナンス取引間で担保パッケージの共通化が図れないため、効率性を完全には享受しえない。[102]

(2) **準拠法モザイク**

第2の限界は、取引の単位と法律関係の単位が合致しないことから生じる費用の観点から説明できる。ジュネーブ条約は、債権譲渡に関する規定や倒産時の抵当権の効力に関する規定を欠く。そのため、これらの事項は法廷地の国際私法に基づいて選択された準拠法により規律される。ここで準拠法の観点から、Ⅱ-1で提示した取引モデルを検討してみよう（図表2-1）。まず航空機の物権関係、すなわちレッサーの所有権と資金提供者の抵当権については、ジュネーブ条約によって規律され、国籍国法が適用される。次にこの取引モデルは複数の契約から構成されるが、これらの契約の準拠法は当事者自治の原則に従ってそれぞれ決まる。そして債権譲渡をめぐる債務者および第三者に対する効力は、日本の国際私法によれば債権の準拠法によって規律される。[103]

このように抵触法的処理によれば、取引は単位法律関係に細分化された上で、単位ごとに準拠法が指定される。つまり、航空機レバレッジド・リースという1つの取引を1つの国家法が規律するわけではない。このことから、取引組成者は国籍国法以外の法へも調査の範囲を拡張しなければならず、その分費

↘事法典（Uniform Commercial Code, UCC）第9編の1962年改正時に、可動財を目的とする担保権の公示を債務者所在地に連結する第9-103条に特則が新設され、外国航空会社の場合にはその代理人の指定事務所に所在するとみなす旨が規定された。これにより、米国の資金提供者が非締約国の航空機に有する担保権について、国内法による規律とFAAにおける登録を可能にした。この結果、例えば日本の航空会社向け米国版レバレッジド・リースの場合に、航空機を目的とする権利がFAAで登録されるならば、米国内では対抗要件を具備しているものと扱われるため、その限りで日本法の調査が不要になる。なお、同改正は、外国航空会社の資金調達に関与するニューヨークの法律家からの強い要請を受けて実現したとされ、その背景には取引が外国法によって規律されることへの彼らの嫌悪があったと言われる（以上、Rosales 1991, *supra* note 42, pp. 206-208に負う。また、Grant Gilmore, *Security Interests in Personal Property* (vol. 1) 329 n. 6 (1965) も参照)。

102) 資金提供者が一般に、取引の効率性や安定性の理由により、このような統一された担保パッケージに関する選好を有することについて、William J Glaister, Robert Murphy, Marisa Chan, Ellie Dunne and Julian Acratopulo, "Lex Situs After Blue Sky: Is the Cape Town Convention the Solution ?," [2012] (1) *Cape Town Convention Journal* 3, p. 12を参照。

103) 法の適用に関する通則法第23条。

用がかさむ[104]。このような費用の発生を回避するために実務上、例えば債権譲渡について、債権の準拠法を事後的に譲渡契約の準拠法に変更することで、準拠法を１つにまとめることが試みられる[105]。しかし、ここで問題を一層複雑にしているのは、債権譲渡の準拠法選択規則について、世界的に内容の統一が達成されているわけではないことである。例えば日本の国際私法上、債権譲渡の対抗問題は債権の準拠法によることが規定されているが、2007年以前には、主に債務者保護の見地から債務者の住所地が連結点とされていた[106]。また、米国の「統一商事法典（Uniform Commercial Code, UCC）」第９編やUNCITRALが起草した「国際貿易における債権譲渡に関する国際連合条約（United Nations Convention on the Assignment of Receivables in International Trade）」では、主に小口債権の一括譲渡の便宜から、第三者対抗問題を譲渡人の所在地に連結する政策が採られている[107]。このような現状を考慮するならば、債権譲渡の対抗問題については法廷地如何で準拠法が異なるおそれがあり、そのため譲受人が事前に登録等を要求される法を１つに特定することは極めて困難となる。そこで債務者の住所地を連結点としていた旧法の下では、実務上この場合の対抗問題を確実に

104）　この費用もAWGによって示唆されている（UNIDROIT 1995 Study LXXII- Doc. 16 p. 31)。なお、取引と準拠法の間に１対１の関係が成立しないことから生じる費用の存在は近時、国際統一法制整備の原動力となっている。例えば、「口座管理機関によって保有される証券についての権利の準拠法に関する条約（Convention on the Law Applicable to Certain Rights in Respect of Securities Held with an Intermediary）」起草の背景には、ペーパーレス化の流れの中で所在地の特定が困難になった証券について一括譲渡・担保提供される場合には、準拠法の特定に要する費用に加え、各準拠法の下での対抗要件の具備に要する費用が増大するとの認識があったとされる（早川吉尚「目的物所在地法主義とハーグ証券決済準拠法条約（国際私法の経済分析第６回）」ジュリスト1347号53-54頁（2007））。同条約は、証券口座名義人と証券会社の間で準拠法を選択させ、それを公開することで問題の解決を試みる（同上、54頁）。これは準拠法選択ルールの統一を超えて、当事者自治を応用した準拠法の集中を可能にするものであると言えよう。

105）　徳安亜矢＝齋藤崇「証券化の新たな展開：クロスボーダー債権の流動化」西村ときわ法律事務所編『ファイナンス法大全（アップデート）』434-435頁、注365（商事法務、2006)。

106）　法例第12条。

107）　UCC第９編について藤澤尚江「債権流動化と米国統一商事法典における国際私法規則」国際商事法務34巻11号1444-1445頁（2006）を、UNCITRAL債権譲渡条約について齋藤彰「債権譲渡の準拠法：新たな立法的動向への対応を考える」ジュリスト1143号65頁（1998）を参照。このような連結政策にも、１つの取引（小口債権の一括譲渡）を複数の準拠法で規律することへの費用意識が反映されていると言える。

処理するために、少なくとも譲渡人と債務者のそれぞれの住所地で公示要件を具備する等の措置が講じられるとされる[108)]。このことが費用の増大を招くことは疑いない。

3　外部化された課題

2で示したように、ジュネーブ条約によって提供される法的安定性は、獲得のために重い費用負担を取引当事者に強いるものである。それではこのような法的安定性は、費用に見合うだけの価値を伴うのであろうか？　この問いへの答えは、条約が解決を放棄した問題、すなわち抵触法的構造を採ることで外部化された課題を検討することを通して明らかにすることができよう。この節では、そうした2つの課題を取り上げる。

(1)　国内登録制度の非効率

1つ目の課題は、航空機を目的とする物権の公示機能を担う登録制度の設計と運営が、各締約国に委ねられていることにある。II-3-(2)で見たように、条約は登録制度のスペックについて最低限の統一しか試みておらず、多くの事項に関する設計が締約国に委ねられている。ところが、この設計が取引費用を飛躍的に増大させることがある。その典型を、ペルーに求めることができる。当時のペルーでは、登録の申請を審査する権限と、登録簿の検索を許可する権限が登録当局の官吏に配分されていた[109)]。このことが、円滑な登録および検索の妨げになっていたと報告されている[110)]。さらに検索については、許可を受けた者でも検索できる登録簿の範囲に制限があったため、正確な優先順位の把握が困難であったとされている[111)]。加えて、登録と検索が官吏を介してなされることから、その過程で汚職のリスクが存在することも否定できない[112)]。こうした登録を

108)　徳安＝齋藤2006・前掲（注105）437-439頁。

109)　Heywood Fleisig and Nuria de la Pena, "Peru: How Problems in the Framework for Secured Transactions Limit Access to Credit," [1997] *NAFTA: Law and Business Review of the Americas* 33, p. 64.

110)　Fleisig and Pena 1997, *supra* note 109, p. 64.

111)　Fleisig and Pena 1997, *supra* note 109, p. 64.

112)　Wood 2007, *supra* note 3, p. 570.

めぐる権限の配分の仕方が、せっかくの登録制度を持ち腐れにしていた。

登録システムの非効率の例は、発展途上国だけにとどまらない。例えば日本では、抵当権の登録免許税が被担保債権額の1000分の３とされているために、有効に成立した航空機抵当権の大部分が本登録を見送られてきたとの指摘がある。[113] この他、大陸法諸国では信託の登録可能性が問題となる。すなわち、担保権の付従性を厳格に維持する国では、登録名義人を実際の資金拠出者に限定している場合があるが、このような要件の存在が債権者以外の者（例えば信託会社）を受託者とする信託組成の妨げとなることが指摘される。[114]

(2)　条約適用の空白地帯

２つ目の課題は、条約の規律を受けない締約国が存在することにある。ジュネーブ条約は、その正式名称が示すように航空機に関する諸権利の「国際承認」を目的とする。この目的は、条約の適用要件を定めた第11条１項に明確に反映されている。そこには条約が、「締約国において、他の締約国の国籍を有する全ての航空機に適用される」（傍点筆者）ことが規定されている。このことは裏を返せば、締約国において自国籍の航空機の権利関係が問題となる場合には条約が適用されず、国内法に従って判断されることを意味する。つまり締約国は、自国籍の航空機を目的とする外国債権者の所有権や抵当権を保護すべきいかなる条約上の義務も負わない。[115] このことから、条約の適用範囲について空白地帯が形成されることになる。ただし、これによって航空機の物権問題を規律する準拠法の統一が損なわれるわけではない。国籍国でも、その他の締約国でも、航空機に関する物権の成立および効力が国籍国法に基づいて判断される点では異ならないからである。

---

113)　千石2003・前掲（注３）436頁。鈴木＝井門2014中 によれば、不経済な本登録に代わり、実務では仮登録の利用が一般的であるとされる。その理由は、仮登録であれば被担保債権額にかかわらず2000円を支払えば優先順位が確保され、抹消の際にも1000円を支払えば済むことによる（鈴木＝井門2014中・前掲（注３）67-68頁）。

114)　Wood 2007, *supra* note 3, p. 83.

115)　起草者であるCalkins Jr. 1948によると、締約国において外国籍の航空機を担保とする債権者に付与されるのと同様の保護を、自国籍の航空機を担保とする外国の債権者にも付与すべきであるとの提案が起草過程で何度かなされた。しかし、この提案は拒絶される気配が濃厚であったために撤回されることになった（Calkins Jr. 1948, *supra* note 26, p. 164）。

それにもかかわらず、このような承認型条約は、国籍国における航空機の各種権利の効力を低下させるおそれがある。Ⅱ－３－(3)で見たように条約は、航空機先取特権に厳格な制限を課すことで第１条１項の権利の効力を相対的に強化している。条約の規律を受けない国籍国はこのような制限に拘束されない結果、同国での抵当権実行には優先弁済権の相対的な効力低下のリスクが伴うことになろう。また、こうした条約構造は、途上国の航空会社向けファイナンスの増加につれて深刻化しているカントリー・リスクの問題に、傍観者の態度でいることを意味する。Ⅱ－３－(2)で見たように航空機の国籍は、航空会社所在地において取得されることが多い。従来この地では、航空会社のデフォルトを端緒とする航空機の占有回復や抵当権実行にあたり、当局による干渉のために資金提供者の期待収益が様々な形で簒奪されてきたという経緯がある。このようなカントリー・リスクに対処するために実務では、リース契約書中に航空機占有回復保険や輸出信用保証の付保を義務付ける規定を挿入し、事実上リスクを航空会社に転化することで問題の解決が図られてきた。これにより途上国の航空会社は、重い費用負担を強いられてきたのである。

Ⅳ　2001年ケープタウン条約・航空機議定書による実質法統一

このようにジュネーブ条約には、航空機やエンジンの流通にブレーキをかける実質規定が含まれている。また、抵触法的構造によって創出される法的安定性は高価であり、かつカントリー・リスクに対して脆弱である。空前の航空機需要を前に、これに代わる制度として準備されたケープタウン条約・航空機議定書は、これらの問題にどのように立ち向かっているのであろうか？　本章では、この点を明らかにする。

１では、主に「外国法の調査費用」と「条約適用の空白地帯」に対する戦略を述べる。また１－(3)において、条約・議定書における「エンジンの法的地位」を取り上げる。２では、「国内登録制度の非効率」に対する制度的冒険に言及する。そして３では、「準拠法モザイク」に対する取組みを紹介する。なお、「私的実行へのクビキ」に対する手当については、**第１章－Ⅲ**で述べた通りである。

1　単一法システムの構想

ジュネーブ条約の下で発生する外国法の調査費用は結局のところ、国家間での担保制度の相違に起因すると言える。そのため実質法の統一が進み、世界規模で航空機のための統一担保制度が機能するならば、この問題は解決に向けて大きく前進する。(1)では、ケープタウン条約のこの方向（水平方向）での統一政策について述べる。他方でシステムの一元化による利益は、水平方向でのみ実現するわけではない。例えば１つの締約国に国際担保法と国内担保法の２つのシステムが併存するならば、両者の適用関係の複雑さから派生する様々な問題のために、法的安定性が著しく損なわれるおそれがある。つまり、１つの締約国内部（垂直方向）でのシステム統合も、取引費用を低減する上で重要であると考えられる。そこで(2)では、ケープタウン条約のユニークな適用要件に注目し、その分析を通して垂直方向での統合政策について論ずる。そして(3)では、条約・議定書におけるエンジンの位置付けを確認する。

(1)　新たな担保権概念の創出

条約と議定書が提供する担保法は、国際担保権の成立、効力、順位、譲渡、消滅、実行等に関する一連の実質規定から構成される[116]。統一実質法の誕生が取引主体による国家法の参照を不要にするならば、その程度においてⅢ-２-(1)で示した外国法の調査費用は低減すると期待される。ここでは特に国際担保権の成立要件に着目し、実際にこのような費用低減効果を期待できるほど、条約が国家法から独立した設計となっているのかを検討することにしよう。

国際担保権の成立要件は第７条で規定されており、担保契約であれば次の(a)から(d)までを、所有権留保契約またはリース契約であれば(a)から(c)までを充足する必要がある。

(a)　書面によること。

116)　このような国際担保権を中核とする統一実質法の構想に対して、AWGは当初、条約の速やかな成立の妨げとなることを理由に異議を表明していた（UNIDROIT 1995 Study LXXII-Doc. 16 pp. 9-12）。

(b) 担保権設定者、所有権留保売主またはレッサーが処分する権限（power to dispose）を有する物件に関連していること。[117]

(c) 議定書に従って物件を特定できること。

(d) 担保契約の場合、被担保債務を決定できること。但し、被担保債権額または極度額の記載を要しない。

これらの要件の充足は、国際担保権が成立するための必要十分条件である。[118] そのため国際担保権の成立にあたり、国家法の調査は不要となる。

ところで、例えば担保契約が上記(a)から(d)までを満たすとともに、準拠法上の航空機抵当権の成立要件をも満たすならば、同一の契約から条約に基づく国際担保権と国内法に基づく航空機抵当権が成立することになる。この場合に債権者は両方の権利を取得できるが、国際担保権について国際登録簿での登録を怠るならば、締約国では対抗力を主張できなくなる。[119] 言い換えれば、条約の公示要件を満たしさえすれば、締約国で国際担保権の優先効が否定されることはない。そのため締約国がさらに増加し、世界的に私法の統一が達成されるならば、対抗要件を具備する上でも国家法の参照は不要となる。[120] 同じことは国際担保権の実行にも言える。例えば、デフォルトの発生によりレッサーが第10条に基づきリース契約を終了し航空機の占有を回復するにあたり、準拠法によれば、そのような救済手段の行使には１ヵ月以上後の期日を指定した事前の通告を要するとされているとしても、レッシーはこうした準拠法上の抗弁権を援用

---

117) 処分権限（power）は処分権（right）よりも広い概念であると説明される（O. C. 2013, *supra* note 38, par. 4.71）。つまりこの概念には、担保権設定者、所有権留保売主またはレッサーが物件の所有者である場合に加え、準拠法または条約上これらの者による処分が所有者を拘束する全ての場合が含まれる（*Ibid.*）。そのため処分権限は、例えば表見代理にあたる処分や「何人も自らが所有せざるものを与えず（nemo dat quod non habet）」原則の例外に位置付けられる処分でも認められうる（*Ibid.*）。

118) O. C. 2013, *supra* note 38, par. 2.62, 4.69.

119) O. C. 2013, *supra* note 38, par. 4.68.

120) ただし、Ⅱ-2で述べた通り、ケープタウン条約の締約国（A 国）と非締約国（B 国）との間では、両国がジュネーブ条約に批准している限りジュネーブ条約が適用される。このとき A 国籍の航空機について、B 国の裁判所は A 国の国内法上の航空機抵当権を国籍国法に従って設定された権利と解するかもしれない。したがって現状では、このような場合に国際担保権を国際登録簿に登録するとともに、国内法上の航空機抵当権を国内登録簿に登録することは意味があろう。

できない。[121] このように一見したところでは、本条約は、国家法に依存せずに独立して機能する担保制度を提供しているかのようである。

ところが、前述の国際担保権の成立要件に関して、制度の根幹を揺るがしかねない問題が起草者の１人であるCuming 2002によって提起された。その主張は、概ね次の通りである。法システム間で物権概念が統一されていない現状では、要件(b)の「処分する権限」の有無をめぐり異なる結論が生起しうる。[122] 例えば、コモンローがレッシーにも処分権限を認めるのに対して、大陸法諸国では認められないかもしれない。[123] その結果、レッシーが借入れに際して銀行のためにリース中の航空機に国際担保権を設定する場合には、その国際担保権の成立について準拠法如何で結論が異なるおそれがある、というものである。[124]

ただこの問題は、オフィシャル・コメンタリーにおいて解決の指針となる解釈が示されたことで、現時点では一応の収束が図られたと見ることができる。その解釈を咀嚼すれば、次のようになる。条約は、所有権留保売主やレッサーが有する権利を国際担保権として構成し、国際登録簿での登録を認める。[125] このことは、所有権留保売主やレッサーといえども第三者との間に対抗関係が成立することを前提とし、この場合の優劣を登録の先後で決することを意味している。[126] 裏を返せば、所有権留保買主やレッシーが所有権留保売主やレッサー以外の者との間で物件に国際担保権を成立させる取引を行うという状況は、暗黙の前提となっている。[127] このように所有権留保買主やレッシーについては、準拠法

121）　O. C. 2013, *supra* note 38, par. 4.75.

122）　Ronald Cuming, “The Characterisation of Interests and Transactions under the Convention of International Interests in Mobile Equipment, 2001,” In: Iwan Davies（Ed.）, *Security Interests in Mobile Equipment* 377, pp. 385-387（2002）.

123）　Cuming 2002, *supra* note 122, pp. 385-387. わが国では、リースに関してどのような法的構成を採るかで、この点に関する結論が異なりうる（平野裕之「リース物件の帰属と担保化」加藤一郎＝椿寿夫編『リース取引法講座（上）』147頁以下（金融財政事情研究会、1987）を参照）。

124）　Cuming 2002, *supra* note 122, pp. 385-387. ただしファイナンス・リース契約上、レッシーがリーエンや担保権の成立を黙視しうる場合は極めて限定的であるとされる（Wood 2007, *supra* note 3, p. 709）。

125）　O. C. 2013, *supra* note 38, par. 4.72, 4.77.

126）　O. C. 2013, *supra* note 38, par. 4.72, 4.77.

127）　O. C. 2013, *supra* note 38, par. 4.72, 4.77.

ではなく条約の登録・順位ルールに基づいて、処分権限を有するという結論を導くことができる[128]、と。以上の解釈に依拠するならば、所有権留保買主やレッシーの処分権限に関する限り、取引主体が準拠法の調査を要求される場合は例外に属すると考えられる。

(2) 国際性要件の撤廃

条約の適用要件は第3条1項で規定されており、これによれば「国際担保権を成立させ又は定める契約の締結時に債務者が締約国に所在しているときに」、条約は全締約国で適用される[129]。この規定は、条約の射程に関する2つの重要な政策を含んでいる。第1に、債権者の所在地については非締約国であるとしても、条約の適用に何ら影響を及ぼさないことである[130]。このことは、非締約国である日本所在の航空会社が条約に基づいて航空機の購入資金を調達することはできないが、日本所在の金融機関等は締約国所在の航空会社向け航空機ファイナンスにおいて条約の適用を受けることを意味する。第2にこの要件は、債権者と債務者が異なる国に所在することを、適用の前提とはしていないことである。つまり、例えばCISGが、異なる締約国に営業所を有する当事者間の取引に照準を合わせているのに対して[131]、ケープタウン条約には、規律の射程を国際取引に固定するための要件（以下、国際性要件）が欠如していると言える。要するに、ケープタウン条約は万民法型統一法ではない。

こうした脱万民法型統一法の構想は、1993年2月に欧州復興開発銀行（European Bank for Reconstruction and Development）のMessrs John SimpsonとJan-hendrik Röverが作成したコメントの中で明確に提示された。そこでは、Ulrich Drobnigが1977年にUNCITRAL事務局の要請を受けて準備した報告書を参照しつつ、国際性要件を挿入する場合に、国際システムと国内システムの

128) O. C. 2013, *supra* note 38, par. 4.72, 4.77. また、ケープタウン条約第5条2項も参照。同項では、条約において明示的に解決されていない問題は条約の一般原則に従って解決が図られ、そのような原則がない場合にはじめて準拠法に基づく解決が模索されるべき旨規定されている。

129) 加えて航空機議定書第IV条1項は、航空機機体やヘリコプターが締約国の国籍を有する場合にも条約が適用される旨を規定する。

130) ケープタウン条約第3条2項。

131) 国際物品売買契約に関する国際連合条約第1条。

併存によってもたらされる取引の複雑化について指摘がなされている[132)]。その後、この構想は航空産業作業部会（Aviation Working Group, AWG）の強い支持を獲得する。例えばAWGが1995年５月に作業部会小委員会へ提出したメモランダムでは、国際性要件の撤廃は、国際登録簿の設置や倒産時における国際担保権の有効性の保障と並んで、プロジェクトの３本柱として位置付けられている[133)]。強いて言うと起草者達は、取引に伴う国際的要素を、当事者の所在地の相違にではなく、対象物件の可動性に見出したのである[134)]。

国際性要件の撤廃は、これまでに数多くの統一私法条約で採用されてきた国家法への不介入政策の廃棄を意味する[135)]。つまり、第３条の適用要件の下で国際担保権が成立する取引は、①締約国に所在する債務者と別の締約国に所在する債権者との間の国際取引に限られない。加えて、②締約国に所在する債務者と非締約国に所在する債権者との間の国際取引および③締約国に所在する債務者と同一締約国に所在する債権者との間の国内取引が、すべて網羅されることになる。そしてこれら債権者間の優劣は、条約の優先順位規定と国際登録簿での登録に従って一律に決せられる。このように債務者の所在地にのみ焦点を合わせるシンプルな適用要件が、締約国所在の債務者を取り巻く債権者秩序に単一の担保制度を提供し、航空機の権利情報を国際登録簿に集約することを可能にしている[136)]。こうした国際・国内取引の間で達成されたシステムの一元化と情報

---

132)　UNIDROIT 1993 Study LXXII-Doc. 6 Add. 2 pp. 2-3.

133)　UNIDROIT 1995 Study LXXII-Doc. 16 pp. 6-7. AWGは国際性要件の撤廃理由として３つを挙げる。第１に、航空機の可動性、航空機ファイナンスの複雑さおよび予測可能性への強いニーズを考慮すれば条約の適用要件として適当でないこと、第２に、「国際性」は事後的に変更されるおそれがあるため不確実性をもたらし、かつ複数の法システムの適用により費用がかさむこと、そして第３に、国内債権者が市場よりも好条件でファイナンスを行うインセンティブを有する可能性があるにもかかわらず、国際性要件の存在が国内債権者の権利を損なうおそれがあることである（*Id.*, p. 7 n. 14）。

134)　UNIDROIT 1995 Study LXXII-Doc. 15 p. 6. 条約・議定書において「可動性」や「国際性」に関する定義付けが一切試みられていないのは、このような理由による（O. C. 2013, *supra* note 39, par. 4.318）。

135)　Marco Torsello, *Common Features of Uniform Commercial Law Conventions: A Comparative Study Beyond the 1980 Uniform Sales Law* 76-83 (2004).

136)　起草過程では国際性要件撤廃の利点として、第三者が物件の性質のみによって国際担保権の存在可能性を判断できること、そして国際登録システムの国内取引への解放を通して国内外の↗

の集約が、隠れた担保権のリスクを解消し、航空産業に大幅な取引費用の低減をもたらすことは想像に難くない[137]。

このように一元的法システムを創出する上で枢要な役割を担う「債務者の所在地」概念には、第4条において具体的で極めて広範な定義が付与されている。同条によると、条約の適用上、債務者が締約国に所在するとされるには、(a)債務者が締約国法に準拠して設立された場合、(b)債務者の登記上の事務所や法令上の所在地が締約国に所在する場合、(c)債務者の管理本部（centre of administration）が締約国に所在する場合または(d)債務者の主たる営業所が締約国に所在する場合、のいずれかの基準を満たせばよい。基準(c)が含まれていることから、例えば非締約国法に準拠して設立されたSPVを利用するファイナンスの場合であっても、締約国法に準拠して設立されかつ同締約国に所在する親会社が事実上SPVの業務を管理・遂行しているという実態があれば、条約の適用を導くことが可能であると言われる[138]。このように複数の独立基準を有する「債務者の所在地」概念が、現代の取引実態に則した形で航空産業による統一担保制度の利用機会を増大させている。

(3) エンジンの独立

このように水平・垂直の両方向で高度な一元化を達成している担保制度は、航空用エンジンの場合にも利用できる。すなわち、エンジンを対象とする取引においても国際担保権は成立し、その有効性がエンジンの機体への着脱によっ

↘債権者間に登録機会の平等を保障できることが認識されていた（UNIDROIT 1995 Study LXXII-Doc. 15 p. 6）。

137） ケープタウン条約において国際性要件が撤廃されていることは、一見すると画期的である。しかし、ジュネーブ条約の下でも、国際・国内取引の間で法システムの一元化と権利情報の集約を達成する枠組み、すなわち旗国法に従って設定・登録された権利を優先的に承認する枠組みが構築されていた。このアプローチもまた、航空機の可動性に国際的要素を見出していると言える。むしろこの伝統がケープタウン条約に受け継がれたと考えるべきであろう。

138） Legal Advisory Panel of the Aviation Working Group, *Practitioner's Guide to the Cape Town Convention and the Aircraft Protocol* (revised ed.) 33-34 (2012) [hereinafter AWG Guide 2012]. これに対し、米国輸出入銀行が締約国でのSPV設立を条約利益の享受にあたり必要という立場を採るため、同行関与のファイナンスとの関係ではデラウェア州法人の利用と非締約国SPV離れが進行しているという指摘もある（Mark Western, "Issues Relating to Offshore SPVs," In: Rob Murphy and Nasreen Desai (Eds.), *Aircraft Financing* (4th ed.) 208, p. 211 (2011)）。

て影響を受けることはない[139]。また、この場合にも国際登録簿への登録により対抗力が生じる。そのため、例えばリース中のエンジンが機体から取り外され売却される場合には、エンジンのレッサーと購入者の間の対抗問題は第29条に従い登録の先後で決まる[140]。これらの点から明らかなように、ケープタウン条約においてエンジンは独立の担保目的物としての地位を与えられている[141]。この結果、エンジンが搭載された航空機一式を対象とする取引では、機体と各エンジンを特定した上で、それぞれについて登録を具備する必要がある[142]。これにより、エンジンに関する取引の安全性は大幅に改善すると考えられる。

しかし、こうしたエンジンの独立という法政策は、ヘリコプターに搭載されているエンジンについては一貫性を欠く[143]。この間、エンジンはヘリコプターの一部として扱われるに過ぎない[144]。それに対してヘリコプターから取り外されている間は、第Ⅰ条2項(b)で定義される「航空用エンジン」として独立の担保目的物として位置づけられることになる[145]。このようにエンジンはヘリコプターへの着脱によって、ヘリコプターの部品（item）になったり、独立した物件（object）になったりする[146]。

そのためヘリコプターのエンジンを目的とする場合には、着脱による法的地位の変化に応じて、国際担保権の設定・登録の実務的処理に若干の相違を生じさせることになる。すなわち、ヘリコプターから取り外されている間にエンジ

139）航空機議定書第XIV条3項。

140）O. C. 2013, *supra* note 38, par. 5.71.

141）このレベルでエンジンの独立が実現するまでには、国際ファイナンス・リース条約がワンクッションを果たした。すなわち国際ファイナンス・リース条約では、機体に関する物権の公示について旗国が、エンジンに関する物権の公示についてレッシーの主営業所所在地がそれぞれ連結点とされ、国際私法上エンジンは独立の目的物として扱われている（第7条2項および3項）。これを地歩にケープタウン条約は、レッシーの所在地に、さらにエンジンをめぐる対抗問題を解決するための実質法と公示制度を創出したと言える。

142）O. C. 2013, *supra* note 38, par. 3.6.

143）この点は航空機議定書第XXXVI条が定める運用検討会議（Review Conference）での解決が期待されている（O. C. 2013, *supra* note 38, par. 3.10）。

144）O. C. 2013, *supra* note 38, par. 3.10. 換言すると、この間、ヘリコプターのエンジンは航空機議定書第Ⅰ条2項(b)で定義される「航空用エンジン」に該当しない（*Id.*, par. 2.31, 3.8）。

145）O. C. 2013, *supra* note 38, par. 3.10.

146）O. C. 2013, *supra* note 38, par. 5.71.

ンに設定・登録された国際担保権については、ヘリコプターへの搭載後もその有効性と優先効が維持されることが明文で確認されている[147]。その一方でヘリコプターに搭載されている間にエンジンに国際担保権を設定・登録することは、オフィシャル・コメンタリーの中で見送るべきことが示唆されている[148]。それに代わって推奨されている方法が、「予定された国際担保権」としての登録である[149]。この方法を使えば、機体から取り外されると同時にエンジンを目的とする国際担保権が成立し、債権者は予定された国際担保権の登録時に遡及して優先効を取得することが可能となる[150]。その結果、ヘリコプターに搭載されたエンジンを目的とする予定された国際担保権がヘリコプターを目的とする別の債権者の国際担保権に先立って登録されている場合には、予定された国際担保権の保有者はエンジンがヘリコプターから取り外された瞬間に後者に対抗できることになる[151]。

2　国際登録システム

ジュネーブ条約において、各締約国の責任で管理・運営される登録簿には、航空機の物権を国際的に保護する上で枢要な役割が割り当てられている。しかし、こうした登録簿の中には取引費用の温床となっているものがある。視点を変えれば、有効に機能する登録制度の建設には費用がかかり、この費用を負担できない国では効率的な公共財を市場に提供することに失敗しているとも言える。ケープタウン条約の下では、このような国内登録簿に代わる機能を備えた国際登録簿が創設される。これによって、これまで各国に分散していた航空機の物権情報が一元的に管理されるようになり、規模の経済性が働くと期待される。しかし、国際登録システムの意義はそれだけではない。

(1)では、完全電子化された登録の過程を概観し、テクノロジーとの融合を遂げたシステムの意義を考察する。(2)では、大陸法国の担保制度にとって必ずし

147）航空機議定書第 XIV 条 3 項および O. C. 2013, *supra* note 38, par. 3.10を参照。

148）O. C. 2013, *supra* note 38, par. 3.10.

149）O. C. 2013, *supra* note 38, par. 3.10.

150）ケープタウン条約第19条 4 項および O. C. 2013, *supra* note 38, par. 3.10を参照。

151）O. C. 2013, *supra* note 38, par. 3.10.

図表2-3　国際登録システムにおける登録[158]

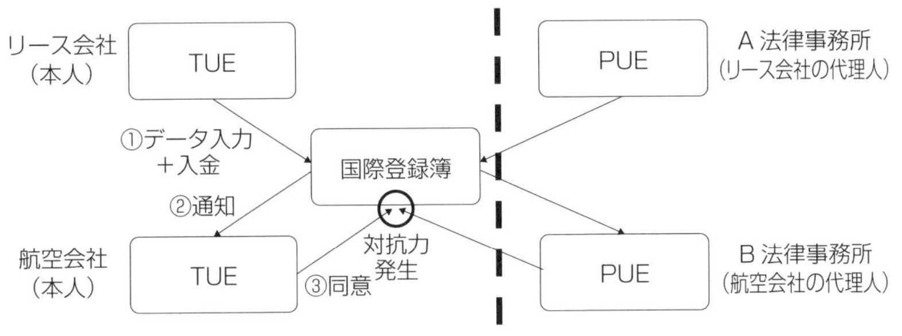

も親しみがあるとは言えない、担保契約における被担保債権額や極度額の非開示設計を取り上げ、その意義を明らかにすることを試みる。そして(3)では、このシステムが現代の航空機ファイナンスに有効な貢献を果しうるかという観点から、信託との相性について確認することにしよう。

(1)　登録と配役、料金

国際登録システムにおける国際担保権の登録を、リース会社と航空会社の間のリース取引を例に説明する（図表2-3）[152]。はじめに、図を縦に二分する点線の左側の部分に注目して頂きたい。まずリース会社は、国際登録簿のウェブサイトに自己の「取引当事者（Transaction User Entity, TUE）」アカウントでログインし、その上でリース契約に基づいて成立した国際担保権について必要事項を入力し、登録申請料を支払う[153]。申請料の決済はクレジットカードまたは専用のプリペイドカードでなされ、高額となる場合には電信送金も利用できる[154]。リース会社が登録を申請したという事実は、eメールで航空会社に通知される[155]。通知を受けた航空会社が、自己のTUEアカウントでログインし、申請内

152)　ただし航空機議定書第XIX条1項は、締約国がその領域内の当局を国際登録簿の登録窓口として指定することを認めている。締約国がこれを行う場合、その国の国籍を有する航空機機体やヘリコプターについては、諸権利の登録のために必要な情報は全て指定窓口を経由して国際登録簿へ送信されることになり、本文で説明した取引当事者によるオンライン登録は不可能となる。

153)　AWG Guide 2012, *supra* note 138, p. 58.

154)　AWG Guide 2012, *supra* note 138, p. 62.

図表2－4　国別アカウント数
（2012年12月31日現在）

順位	国　名	件数	発効状況（発効年）
1	米国	8,800	○（2006）
2	アイルランド	546	○（2006）
3	ケイマン諸島	320	—
4	カナダ	162	○（2013-2014）*
5	英領ヴァージン諸島	156	—
5	英国	156	—
7	日本	97	—
8	フランス	90	—
9	バミューダ	86	—
10	マレーシア	81	○（2006）
	その他	1,146	
	合計	11,640	

＊州により発効時期が異なる。
Source: International Registry of Mobile Assets, *Seventh Annual Statistical Report* 23（2013）を基に作成

図表2－5　国別アカウント数
（2012年12月31日現在）

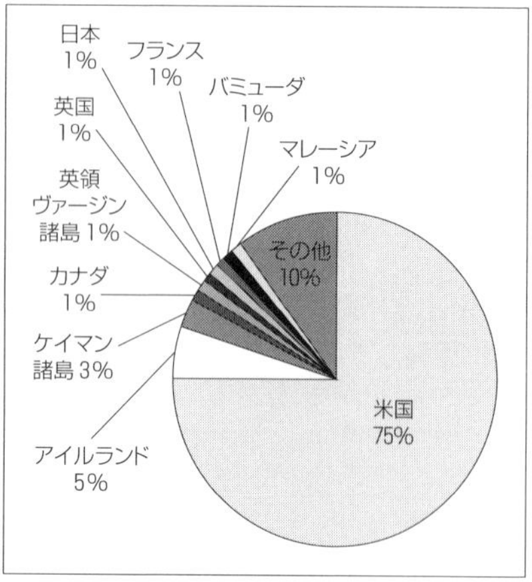

容を確認の上36時間以内に同意するならば、瞬時にｅメールで両当事者に登録完了の通知が自動配信される一方で、国際担保権の情報がデータベースで閲覧可能な状態になる。[156] この時点で、国際担保権の対抗力は発生する。[157]

国際登録システムで開設できる主なアカウントとしては、TUE用のものの他に、図の点線の右側に見られる「専門代行者（Professional User Entity, PUE）」用のものがある。これは、法律事務所等が取引当事者を代理して作業を行うにあたり利用される。[159] これにより、リース会社や航空会社は登録業務のアウトソーシングが可能となる。この場合の取引当事者から専門代行者への代理権の授権・剥奪もオンラインでなされる。[160] これらのアカウントの総数は2012年12月31日現在で11,640件に上り、その約４分の３を米国のEntityが占めている（図表2－4と図表2－5を参照）。わが国は非締約国であるにもかかわらず、97件

155）AWG Guide 2012, *supra* note 138, p. 62.
156）AWG Guide 2012, *supra* note 138, p. 58, 62.
157）ケープタウン条約第19条。
158）この図の作成にあたっては、Legal Advisory Panel of the Aviation Working Group, *Advanced Contract and Opinion Practices under the Cape Town Convention* 21 Diagram 4（2008）を参考にした。
159）AWG Guide 2012, *supra* note 138, p. 54.
160）AWG Guide 2012, *supra* note 138, p. 59.

が開設されており、国（一部法域を含む）別では第7位に着ける。[161]

以上の登録において、取引当事者と国際登録機関のスタッフに配分されている役割を整理してみよう。まず、TUE アカウント管理者の役割には、① TUE のための登録全般、②特定の物件に関して TUE のために登録を担当する個人への電子授権、③特定の物件に関して TUE のために登録を代行する PUE への電子授権、④アカウントの管理および登録機関との連絡、そして⑤上記②または③で指名された者の解任の5つがある。[162] これに対して国際登録機関のスタッフの主な任務は、登録の前段階であるアカウント開設時の審査にある。具体的には、① Entity の存在と連絡先の正確性、②管理者の e メールアドレスおよび電話番号の正確性および③授権証明書（Certificate of Entitlement to Act）上 Entity のためのアカウントを開設する権限が管理者に付与されていることの確認となる。[163] 要するに、国際登録機関のスタッフは登録には一切関与しない。むしろ一旦アカウントが開設されると、アカウント管理者に付与される電子キーと同管理者の設定するパスワードが端末装置に保存されるため、登録機関のスタッフにはアクセスできなくなる。[164] そのため、管理者がパスワードを紛失した場合には、既存アカウントの廃止と新規アカウントの開設が必要となるのである。[165] このように国際登録システムでは、登録に必要な一連の作業を取引当事者（代理人を含む）に担当させ、国際登録機関のスタッフによる介入の余地を排除する設計が採られている。[166] また、この人手を介さない設計は検索でも徹底されている。[167] 登録システムの集約化と電子化が、カントリー・リスクの克服を可能にしている。[168]

161） International Registry of Mobile Assets, *Seventh Annual Statistical Report* 23 (2013).

162） AWG Guide 2012, *supra* note 138, p. 57. また PUE アカウント管理者にも、TUE アカウント管理者に準ずる役割が割り当てられている（*Ibid.*）。

163） AWG Guide 2012, *supra* note 138, p. 56.

164） AWG Guide 2012, *supra* note 138, p. 56.

165） AWG Guide 2012, *supra* note 138, pp. 56-57.

166） O. C. 2013, *supra* note 38, par. 4.123.

167） O. C. 2013, *supra* note 38, par. 4.123.

168） このような集約化と電子化を設計原則とする国際登録システムはまた、ある国が批准にあたり負担すべき費用を低く抑えうる。起草過程において AWG と IATA が衛星（satellite）・中央（central）型システムに代わり現行システムを推奨した背景には、途上国が直ちに条約を批准↗

図表２－６　国際登録簿の利用料金

項　　目	金額（米ドル）
準アカウント開設料（１年）	180
アカウント開設料（１年）	200
登録料	100
アカウント管理者変更料	50
アカウント名義変更料	200
目的物に予備エンジンを含める際の追加登録料	50
優先順位検索料	22
証明書再発行料	10

Source: ICAO, *Regulations and Procedures for the International Registry* (Doc 9864) (6th ed.) Procedures-25 (2014)

なお、国際登録簿の利用料は**図表２－６**の通りとなっている。登録を行う者はまず、200米ドルを支払った上でアカウントを開設する必要がある。[169] ただし、支配下当事者（controlled entity）のためには別途「準アカウント開設料」が設定されており、20米ドルの割引がある。[170] こうしたアカウントについて名義を変更するには200米ドルが、[171] 管理者を変更するには50米ドルがかかる。利用者のコンピューターにインストールされた公開鍵基盤（public key infrastructure）証明書が紛失または破壊した場合の再発行手数料は、10米ドルである。[172] そして、登録には100米ドルを要する。[173] この料金で、同一登録者により航空機機体１機とその全搭載エンジン、あるいはヘリコプター１機を目的として、当該登録者により24時間以内になされるすべての登録がカバーされる。[174] こうした目的物の中に予備エンジンを含める場合には、追加で50米ドルを負担しなければならない。[175] 検索サービスは、１部につき22米ドルで発行される「優先

↘できるようにとの配慮があった（UNIDROIT 1997 Study LXXII-Doc. 32 Add. 2 pp. 6-7）。衛星・中央型システムとは、航空機の国籍国の登録当局を国際登録システムにアクセスする上での唯一の窓口とする設計である（UNIDROIT 1996 Study LXXII-Doc. 23 pp. 14-15）。そのため衛星・中央型システムの下では、途上国はジュネーブ条約の下でと同様に国内登録制度の非効率に直面することになったであろう。

169） International Civil Aviation Organization, *Regulations and Procedures for the International Registry* (Doc 9864) (6th ed.) Appendix sec. 1.1 (2014) [hereinafter Regulations 2014 or Procedures 2014] 〈http://www.icao.int/publications/Documents/9864_6ed.pdf〉 (visited September 3, 2015).

170） Procedures 2014, *supra* note 169, Appendix sec. 1.2.「支配下当事者」とは、取引当事者（TUE）が電子的に支配、運営または管理することを表明する場合に、自己名義で登録が可能な企業体、信託または社団等を意味する（Regulations 2014, *supra* note 169, sec. 2.1.7）。

171） Procedures 2014, *supra* note 169, Appendix sec. 1.8.

172） Procedures 2014, *supra* note 169, Appendix sec. 1.3.

173） Procedures 2014, *supra* note 169, Appendix sec. 1.5.

174） Procedures 2014, *supra* note 169, Appendix sec. 1.4.

175） Procedures 2014, *supra* note 169, Appendix sec. 1.6.

順位検索結果証明書」を通して誰もが利用できる[176]。こうした額が妥当であるか否かは、国際登録簿への登録により生じる対抗力との関係において、取引当事者により判断されることになろう。

(2) 被担保債権額または極度額の非開示

物的編成主義を採る本条約は、目的物に関して厳格な特定性を要求する。それとは対称的に、担保契約の場合の被担保債権の範囲に関して、条約上要求される特定の程度は低い[177]。つまり、国際担保権の成立にあたり契約で被担保債権額や極度額の記載が要求されているわけではないし[178]、こうした情報が国際登録簿で開示されるわけでもない[179]。このことはUCC第9編と同様、第1順位担保権者がその後に行う融資についても自動的に優先弁済権を取得できるという実定法上の効力を生じさせると考えられる[180]。見方を変えれば、このように第1順位担保権者に特権的な地位を認める法政策は、低額債権の弁済確保のために高額物件の担保価値を丸ごと掌握することを可能にする。そのため、この制度はしばしば「過剰な担保」と呼ばれ、物件の余剰価値を利用した追加的な信用供与を妨げているとの批判に晒されうる[181]。

しかし、この設計の採用を強く要望したAWGは、大陸法国で要求される被担保債権額や極度額の記載がかえって、債務者から追加的な資金調達の機会を奪ってしまうことになりかねないと主張した。つまり、極度額等の記載を要求するならば、想定される融資に加え為替変動リスクや実行費用等を算入した水増額の記載が定着し、それによって物件の余剰価値が食われることを指摘する[182]。また、極度額等の記載を不要としていることについてオフィシャル・コメ

---

176) Procedures 2014, *supra* note 169, Appendix sec. 1.7.

177) ケープタウン条約第1条ii号の「担保契約」の定義を参照。

178) ケープタウン条約第7条d号。被担保債権に関する記載は一般的で十分とされる（O. C. 2013, *supra* note 39, par. 2.69）。

179) Regulations 2014, *supra* note 169, sec. 5.3.

180) UCC第9編におけるこうした法政策について、森田修『アメリカ倒産担保法：「初期融資者の優越」の法理』45頁以下（商事法務、2005）を参照。

181) 日本銀行金融研究所『債権管理と担保管理を巡る法律問題研究会報告書』50-51頁（2008）を参照。

182) UNIDROIT 1995 Study LXXII-Doc. 16 p. 22.

ンタリーでは、それを要求したところで、第三者はある時点における融資総額を把握できるわけではないため、あまり意味がないと説明されている[183]。

さらに、近年わが国で公表された法と経済学の成果を取り入れた報告書によれば、被担保債権額や極度額の記載を要しないことが、第1順位担保権者による過度の優先弁済確保機能と過大な管理機能に直結するわけではないことが指摘されている[184]。つまり、この制度の下で債務者には、借換資金を調達し、第1順位担保権者の被担保債権を消滅する方途があるとされる[185]。また、特に債務者の事業が成長している局面では、第1順位担保権者と新たな資金提供者との優先弁済に関する合意を通して、新規の融資が実現しうるとされる[186]。そして同報告書は、極度額等の記載を不要とする担保制度の本質が、物件の余剰価値のマネジメントに関する主導権が債務者にではなく、債権者に配分されている点にあると結論付ける[187]。AWGが欲したのも、まさにこうした取引に精通した債権者間での交渉を通して、航空機の余剰価値をコントロールできる制度であったと考えられる[188]。

この制度の下では、国際登録簿の検索を通して国際担保権の存在を把握した者が、それによって担保されている債権額に関する情報を必要とするならば、国際担保権の保有者に直接問い合わせることが期待されている[189]。そして両者の間で、保有者の国際担保権を劣後させた上で検索者が融資を行うという取り決めが成立するならば、検索者はその合意を国際登録簿に登録できる。この劣後

183) O. C. 2013, *supra* note 38, par. 4.73.

184) 日本銀行金融研究所2008・前掲(注181)50-51頁。

185) 日本銀行金融研究所2008・前掲(注181)50-51頁。

186) 日本銀行金融研究所2008・前掲(注181)50-51頁。このとき、第1順位担保権者にとっては新規の資金調達を通じて債務者の事業が好転する可能性が高まるという利点があり、新たな資金提供者にとっては担保の取得・管理費用等をかけずに実質的な優先弁済権を実現できるという利点がある(同上、15頁)。

187) 日本銀行金融研究所2008・前掲(注181)15頁。

188) すなわちAWGは、航空機ファイナンスにおける後順位債権者について、登録簿の検索により先順位担保権者の存在を特定できるだけでなく、必要に応じて劣後合意の交渉ができる取引に精通した当事者であるとした上で、極度額等の記載による保護を必要としないと述べる(UNIDROIT 1995 Study LXXII-Doc. 16 p. 22)。

189) O. C. 2013, *supra* note 38, par. 4.73.

合意の登録により、この検索者は劣後された国際担保権の譲受人に対抗できることになる。[190] こうした劣後合意の利用可能性は広範に設計されており、担保権者間の域を超えて、担保権者と買主の間の合意や、担保権者と所有権留保買主またはレッシーの間の合意も登録対象となる。[191] こうした取引主体による交渉を通して、パレート効率が達成されよう。

(3) 信託との親和性

条約と議定書には計99の条文があるが、直接信託に言及するのは次の１ヵ条のみである。すなわち航空機議定書第 VI 条は、「契約若しくは売買の締結及び航空機物件を目的とする国際担保権若しくは売買の登録を行う者は、これを代理、信託その他の他人に代わる権限に基づいてすることができる。この場合において、その者は条約に基づき権利及び利益を主張することができる」と規定する。この条文の存在が、締約国でのセキュリティ・トラストの法的安定性を大幅に向上させることになる。

まず同条第１文は、受託者（**図表２-２**のＡ銀行）に、国際担保権を成立させる契約の締結権限と自己名義での登録権限を認め、受託者１人に国際担保権を帰属させるセキュリティ・トラストの組成を肯定する。[192] そして受託者は、国際担保権の登録にあたり自己名義のアカウント（「Ａ銀行」）を利用でき、権限を記載した別のアカウント（例えば「債権者代表、Ａ銀行」）を新設する必要はないとされる。[193] これにより、新規アカウントの開設費を節約できる。次に第２文は、救済行使等に関する受託者の権限を正面から肯定する。これにより、信託に親しみのない国でもセキュリティ・トラストの管理・執行機能が発揮されるように配慮がなされている。

3　対抗問題の一元的解決

Ⅲ-２-(2)で見たように、ジュネーブ条約の規律は航空機レバレッジド・リー

190）ケープタウン条約第29条５項。

191）O. C. 2013, *supra* note 38, par. 4.125.

192）O. C. 2013, *supra* note 38, par. 3.71.

193）AWG Guide 2012, *supra* note 138, pp. 64-65. また、O. C. 2013, *supra* note 38, par. 3.71, 5.33も参照。

図表２－７　登録の内訳（2012年）

権利の種類	新規件数
国際担保権	18,201
予定された国際担保権	6,734
国際担保権の譲渡	5,927
国際担保権の予定された譲渡	2,339
売買	14,910
予定された売買	480
国際担保権の劣後	465
予定された国際担保権の劣後	323
国内法に基づく担保権の劣後	0
登録可能な法定担保物権の劣後	0
代位により取得された国際担保権	0
登録可能な法定担保物権	98
登録可能な法定担保物権の譲渡	0
第60条３項における既成の担保権	0
国内法に基づく担保権の通知	4
登録抹消の同意による権利の移転	4,411
合　計	53,892

Source: International Registry of Mobile Assets, *Seventh Annual Statistical Report* 22 (2013)

図表２－８　登録の内訳（2012年）

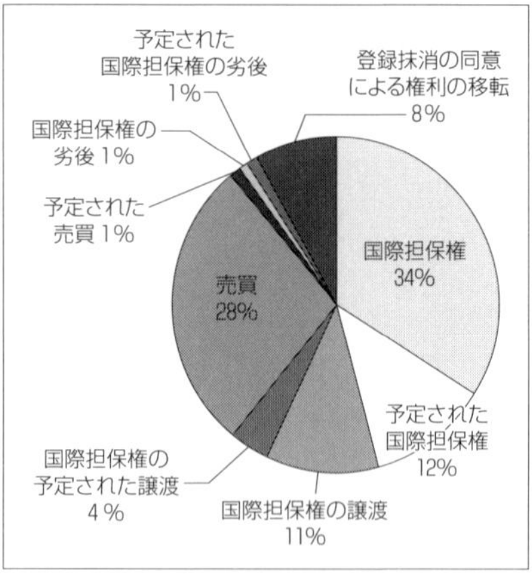

スを構成するいくつかの単位法律関係には及ばず、これらは準拠法の規律を受ける。その結果、準拠法モザイクが生起し、取引費用の増大を招いた。そこでこの問題の克服のためには、ケープタウン条約がどのような法律関係を規律の範囲に収めているかが鍵となる。

これまでは説明の便宜のために、主に国際担保権に焦点を合わせて議論を進めてきた。しかし、実際には国際担保権は、国際登録簿に公示される権利の１つでしかない。**図表２－７**は2012年に国際登録簿に登録された新規の権利の総数と内訳を表し、**図表２－８**はそれを円グラフにしたものである。同年１年間に登録された新規権利の総数は53,892件に上り、このうち24,935件（約46％）が国際担保権および予定された国際担保権の登録である。

この節では国際担保権以外の権利のうち、これまで言及することが少なかった「売買および予定された売買」（件数：15,390、割合：約29％）と「国際担保権の譲渡および予定された譲渡」（件数：8,266、割合：約15％）に注目し、これらが登録対象とされていることの意義を考察する（(1)および(2)）。また(3)では、登録の対象とはされていないにもかかわらず、条約の対抗ルールにおいて特異な地位を占める債務者の「平穏占有権」を紹介する。

(1)　売　買

航空機議定書は条約の対象取引を、必要な修正を加えた上で売買に拡張する政策を採っている[194]。第Ⅴ条1項は、条約で規律される売買の成立要件として、所有権留保やリースにおける国際担保権の成立要件と同内容の規定を準備しており、同2項には、売買の効力に関する規定が置かれている。これにより議定書は、国際担保権の場合と同様、国内法に依拠しない独自の「売買」概念を創出することで、国内法の調査に要する費用を抑えることを意図している[195]。なお、売買の場合には、売主の所在地が締約国であれば条約適用の要件を充足する[196]。

また、売買は国際登録簿に登録できる。これにより例えば、売主による同一物件の二重譲渡の場合の買主間の対抗関係や、レッシーがリース物件を契約に違反して売却した場合の買主とレッサーの間の対抗関係も、登録の先後で優劣が決まる[197]。オフィシャル・コメンタリーでは、売買の登録が表象するのはあくまで買主の権利の存在であって、所有権（title）の所在ではないことが強調されている[198]。しかし、起草者の1人が認めるように、売買の登録が国際登録簿に所有権の公示に近似する機能を付加することは否定できないと思われる[199]。その理由は、売買の登録が追加されることにより、国際登録簿において、メーカーから直近の売主までの所有権の連鎖を調査できるようになるからである[200]。国際登録簿が所有権の帰属を含む物権情報の全履歴を産業界に提供するならば、低い費用で適切な中古航空機の価格設定が可能となろう。これによって、中古

194)　航空機議定書第Ⅲ条。

195)　O. C. 2013, *supra* note 38, par. 3.19, 5.31.

196)　航空機議定書第Ⅲ条。

197)　航空機議定書第XIV条。また、O. C. 2013, *supra* note 38, par. 3.19も参照。

198)　O. C. 2013, *supra* note 38, par. 2.119. なお、物件の所有権については準拠法により規律されることになろう。

199)　Cuming 2002, *supra* note 122, p. 379.

200)　Cuming 2002, *supra* note 122, p. 379. ただし、所有権の連鎖に非締約国所在の取引主体が含まれるならば、国際登録簿の情報のみに依拠して連鎖の全容を把握することはできないであろう。

機・中古エンジン市場の活性化が期待される。[201]

さらに、売買が登録対象であることは、レッシーにも利益をもたらす。リース契約上、レッシーには、リース期間満了時に物件をただ同然の価格で買い取ることができる権利（買取オプション）が付与される場合がある。レッシーは、この権利を「予定された売買」として登録できる。[202] これによりレッシーは、レッサーの債権者に対する登録時点からの対抗力を取得することが可能となる。[203] そして、レッシーが買取オプションを行使する場合には、リース契約に基づいて成立したレッサーの国際担保権は消滅し、レッシーはレッサーに対して消滅した国際担保権について抹消登録を主張できる。[204] 他方、レッシーがオプションを行使しない場合や、あるいはレッシーのデフォルトによりレッサーがリース契約を終了しオプションが消滅した場合には、レッサーはレッシーに対して予定された売買について抹消登録を主張できるのである。[205]

⑵　譲　渡

条約第 IX 章には、国際担保権によって担保される債権の譲渡について、定義、成立、効力、順位等の一連の実質規定が配置されている。これにより、債権譲渡制度もまた国内法から独立して機能することになるため、ここでも国内法に関する調査費用の大幅な節約が見込まれる。[206] なお、同章が規律の対象とする譲渡は、譲渡人・譲受人間の契約に基づくものに限られる。[207]

第32条で規定される譲渡の成立要件は国際担保権のそれを模しており、そこでは⒜譲渡契約の書面性、⒝譲渡の対象となる債権の特定、そして譲渡が担保

201）　UNIDROIT 1995 Study LXXII-Doc. 16 pp. 8-9.

202）　O. C. 2013, *supra* note 38, par. 5.23.

203）　航空機議定書第 III 条に基づくケープタウン条約第19条 4 項の準用。

204）　O. C. 2013, *supra* note 38, par. 5.23.

205）　O. C. 2013, *supra* note 38, par. 5.23.

206）　O. C. 2013, *supra* note 38, par. 5.31. さらに Goode 2013は、譲渡の独立性について、法システム間での譲渡と更改の分類における相違、予測可能性および第三者保護を考慮すれば譲渡には条約独自の意味があり、条約第 1 条 b 号の「譲渡」の定義を満たす限り国際私法上の性質決定が出る幕はないと結論付ける（Roy Goode, "The Cape Town Convention and Protocols and the Conflict of Laws," In: Permanent Bureau of the HccH（Ed.）, *A Commitment to Private International Law: Essays in Honour of Hans Van Loon* 221, pp. 229-230（2013））。

207）　ケープタウン条約第 1 条 b 号。

目的で行われる場合には(c)譲渡により担保される債権の決定が要求されている。これらの要件が充足されるならば、当事者が別のように合意しない限り、被担保債権に加え国際担保権とその優先効が譲受人に移転する。[208] したがって例えば、債務者がエンジンの購入資金の調達にあたり、AとBのためにエンジンに国際担保権を設定した場合に、Aが先に登録をするならば、AはBだけでなくBの譲受人Yにも優位する。[209] 同様にAの譲受人Xも、たとえ譲渡の登録をしなくても、BやYに優位することになる。[210] この場合には、登録の先後ですでに確定した国際担保権同士の序列が、譲渡後も権利者の関係を支配する。[211]

これに対して、Xによる「譲渡」の登録が意味を持つのは、Aが同一債権をさらにZにも譲渡した場合やAが倒産した場合である。[212] 譲渡の登録は、前者においてX・Z間に成立する同一債権の二重譲渡に関する対抗問題に解決を与え、[213] 後者において少なくとも譲渡の有効性が否定されないことの保障となる。[214] しかし、登録による対抗力を債務者に主張することはできない。譲受人が債務者に譲渡を対抗するためには、(a)書面による譲渡の通知、(b)譲渡の対象となる債権の特定および(c)書面による債務者の同意が必要となる。[215] 債務者には、譲受人に対して準拠法上の抗弁や相殺権を主張することが許されているが、書面での合意により、譲受人側の詐害的行為から生ずる抗弁を除き、これら一切を放棄することも可能である。[216] 債務者が抗弁や相殺権を放棄するならば、譲渡に伴う費用が低減し、債権の流動性は一層高まると期待される。[217]

208）　ケープタウン条約第31条1項。

209）　O. C. 2013, *supra* note 38, par. 2.160.

210）　O. C. 2013, *supra* note 38, par. 2.160.

211）　O. C. 2013, *supra* note 38, par. 4.220.

212）　ケープタウン条約第35条および O. C. 2013, *supra* note 38, par. 2.160, 4.249.

213）　ただし、この場合に優先効が認められる被担保債権の範囲は、物件牽連性に基づき画定される（ケープタウン条約第36条および O. C. 2013, *supra* note 38, par. 4.220, 4.257）。

214）　ケープタウン条約第37条。

215）　ケープタウン条約第33条および航空機議定書第XV条を参照。

216）　ケープタウン条約第31条3項および4項。

217）　O. C. 2013, *supra* note 38, par. 4.229.

(3) 平穏占有権

国際担保権を成立させる3つの契約（すなわち担保契約、所有権留保契約およびリース契約）はいずれも、物件の占有を債務者の元に置き、デフォルトを生じない限り、債務者による物件の使用・収益を可能にする環境を創出する。しかし、このような契約に基づく債務者の権能は第三者との関係では常に肯定されるわけではない。例えば、リース契約の締結後、レッサーが借入れにあたり資金提供者のためにリース中の物件に国際担保権を設定した場合を考えてみよう。この場合に、レッサーの資金提供者が国際担保権を登録できるのに対して、レッシーの権利は国際登録簿における登録の対象とはされていないために、レッシーには対抗する術がない。これによりレッシーの地位は、レッサーの資金提供者による国際担保権の実行の可能性のために著しく不安定なものになる。そこで航空機議定書第XVI条は、契約において債務者に認められる物件の使用・収益権能を、一定の範囲で第三者に対抗できる「平穏な占有及び利用」のための権利（以下、平穏占有権）として構成し、不測の占有喪失から債務者を保護する仕組みを設けている。

議定書は平穏占有権を、「債務者」のうち所有権留保買主とレッシーにのみ付与する。[218] 平穏占有権の内容は、議定書において画一的に定義されているわけではなく、債権者と債務者の合意に従って個別に定められる。[219] それにもかかわらず、このようにして債務者に認められた権利の効力は、債務者が別のように合意しない限り、債権者だけでなく、債権者が国際担保権を登録した時点で未だ自己の国際担保権を登録していない第三者にも及ぶ。[220] 先の例で言うと、レッサーがリース契約に基づいて成立した国際担保権を登録した時点で、レッサーの資金提供者が担保契約に基づいて成立した国際担保権を登録していなけれ

218） 航空機議定書第XVI条。

219） O. C. 2013, *supra* note 38, par. 5.77. なお、レッシーの平穏占有権は、典型的には次の内容を伴う。すなわち、①レッサーはリース期間中、レッシーによる航空機の平穏な利用を侵害しない、②レッサー所有の他の航空機に対する請求権のためにリース中の航空機がアレストされた場合には、レッシーはレッサーの費用負担でアレストの解除を受けることができる、そして③レッサーは、リースと関係のない請求権のために航空機に担保権を設定したり、悪意で担保権の成立を容認したりしない等である（Wood 2007, *supra* note 3, p. 706）。

220） ケープタウン条約第29条4項。

ば、レッシーはレッサーの資金提供者にも平穏占有権を主張できることになる。この場合にレッシーに対抗力が認められる根拠は、担保契約を締結するにあたりレッサーの資金提供者には、レッサーによる国際担保権の登録からレッシーの存在を推測することが期待できるためである[221]。逆に、レッサーの資金提供者がレッサーより先に登録した場合には、レッサーの資金提供者に登録を通してレッシーの存在を推測することが期待できないため、レッサーの資金提供者が対抗関係を制することになる。このようにレッシーの権利は、レッサーによる国際担保権の登録に化体される形で公示される。

また、第三者が債権者よりも早く登録した場合、すなわち債務者が第三者に平穏占有権を対抗できない場合であっても、劣後合意を通して優劣を調整することが可能である。つまり、第三者が自己の国際担保権を平穏占有権に劣後させることに合意するならば、債務者は第三者に対抗でき、さらにその合意を登録することで、債務者は劣後された国際担保権の譲受人にも対抗できる[222]。このような劣後合意は、先の例の資金提供者が借入人(レッサー)によるリース契約の締結に同意したという事実のみでは成立せず、レッシーと資金提供者の間の明示または黙示の合意でなければならないとされる[223]。以上のような対抗ルールの下で債務者には、自己がデフォルトするのでない限り、航空機の安定した使用・収益が可能となる。

V 結　語

このように、国際登録簿には国際担保権のみならず、売買や譲渡の登録も可能である。このことは何を物語っているのだろうか? 最後に、モデルを使ってケープタウン条約・航空機議定書の下での対抗関係を整理し、この点の解明を試みよう(図表2-9)。まず、資金提供者(またはセキュリティ・トラストにおける受託者)が担保契約に基づいて成立する「国際担保権」を登録するならば、

---

221) O. C. 2013, *supra* note 38, par. 2.165.
222) O. C. 2013, *supra* note 38, par. 2.167.
223) O. C. 2013, *supra* note 38, par. 2.167.

レッサーの債権者乙に対する対抗力が形成される。次に、レッサーがサプライヤーとの間で締結される「売買」を登録するならば、サプライヤーの債権者丙に対する対抗力が形成される。そして、レッサーがリース契約に基づいて成立する「国際担保権」を登録するならば、レッシーの債権者甲に対する対抗力が形成される。さらに、資金提供者がこの国際担保権によって担保されるリース料債権の「予定された譲渡」を登録するならば、レッサーの債権者乙に対する対抗力が形成される。資金提供者の「国際担保権」とレッサーの「国際担保権」がこの順序で登録される限り、レッシーは平穏占有権を両者に対して主張できない。なお、こうして形成された優先順位は当事者間の劣後合意を通して変更でき、「劣後合意」が登録される場合には、劣後された権利の譲受人に対する対抗力が形成される。以上の説明から明らかなように、諸権利の登録によって、ストラクチャーが丸ごと公示される[224)]。これにより、部外者の干渉に対して極めて強固な取引構造が完成する。

図表2－9はまた、航空会社に加えリース会社とメーカーも締約国に所在するのでなければ、取引構造全体の保護は図り難いことを示している。ただし、航空機が締約国の国籍を取得できれば第Ⅳ条１項の国籍国要件を充足するため、機体については航空会社、リース会社またはメーカーの所在地が締約国で

---

224) この点は起草過程においても強く意識されていた。例えばAWGは、リース債権の譲渡を公示対象に含めるべき理由として次の５点を挙げる。すなわち①タックス・ベースの国際航空機リースでは仕組み上レッサーの背後に資金提供者が存在し、レッサーの他の債権者との間で安定した対抗力が要求されること、②レッサーへの貸付がノンリコースであればデフォルト時には譲渡されたリース契約に基づいて資金提供者がレッシーに対して権利を行使しなければならず、レッシー所在地においてその権限を保障する必要があること、③法的安定性の高いサブリースの実現により、サブリースを応用した取引を促進し、航空会社のフリートプランニングに柔軟性を付与できること、④多数のリース債権をプールする証券化取引の価値を保障する上で有益なこと、そして⑤リース債権の譲渡の公示は、多くの国内法において既に可能となっていることである（UNIDROIT 1995 Study LXXII-Doc. 16 pp. 15-16）。また、Woolが準備した第二次AWGメモの要約には、次のような記載がある。「条約の範囲は、物件の譲渡と被担保債権等の譲渡（リースの譲渡）を含むよう拡大されるべきである。このようなルールは、条約が航空機ファイナンス全体（integrated aircraft finance transactions）の主要素を確実に規律する上で必要である。…条約の範囲拡大は、順位に関する安定性の保障、中古物件に関する取引（譲渡を含む）の促進、さらには国際商取引における高価な財の担保利用（契約上の諸権利やリースの譲渡を含む）の面でも大きな利点をもたらすであろう。」（UNIDROIT 1996 Study LXXII-Doc. 25 p. 2.）

図表2－9　ケープタウン条約の下で組成されうる航空機レバレッジド・リース

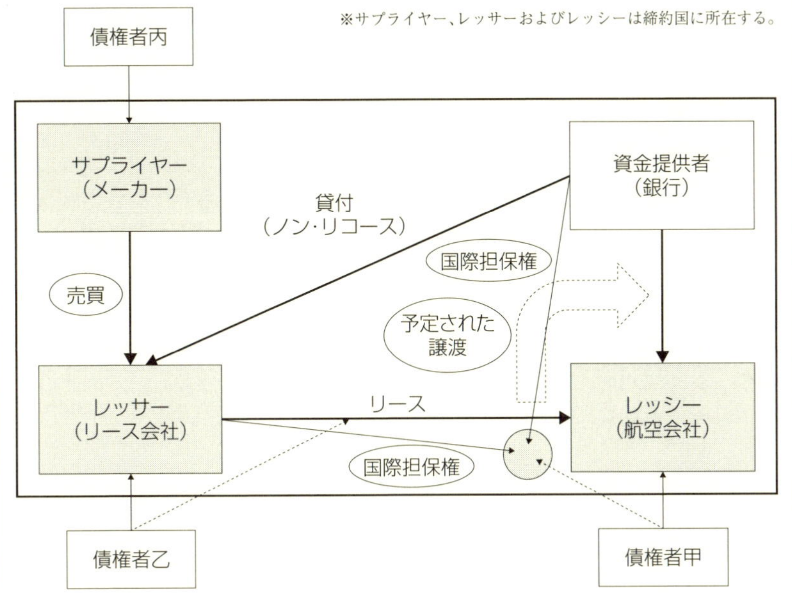

なくても、理論的には取引構造全体の保護が図られることになろう[225]。他方で、エンジンは第Ⅳ条1項の対象から漏れるため、第3条1項の債務者所在地または第Ⅲ条の売主所在地要件を充足しない限り、エンジンには同条約の対抗力による保護が及ばない[226]。そのためわが国が非締約国であり続けるならば、その直接の不利益を、日本の航空会社のみならず、複雑なストラクチャーにより締約国の航空会社に対してファイナンスを行う日本の航空機メーカー、リース会社および銀行も被ることになろう。

ジュネーブ条約が第二次世界大戦の終結後間もない1948年に、国籍国法を基準とした承認枠組みを航空産業に提供したことは、その後の航空機ファイナンスの発展にとって計り知れない正の影響を与えたと評価できる[227]。しかし、この

225）　AWG Guide 2012, *supra* note 138, pp. 36-37.
226）　AWG Guide 2012, *supra* note 138, pp. 36-37.

承認枠組みによって提供される法的安定性は、取得のために費用を要し、かつ脆弱であった。これに対して、ケープタウン条約では実質法の統一が構想された。しかも万民法からの脱却が強く指向された。また国際登録簿は、ジュネーブ条約の下で各国の登録簿に遍在していた航空機の物権情報の集約により規模の経済性を実現するだけでなく、テクノロジーとの融合を遂げたシステムの構築により登録と検索に伴うカントリー・リスクを駆逐している。さらに、売買や債権譲渡を含めた対抗問題の一元的解決が図られた結果、取引構造全体の保護が可能となっている。こうして受益者達は、契約に基づいて組成されるストラクチャーに安価で信頼性の高い対世効を付加できる制度を誕生させた。ここでいう「対世効」とは文字通り、世界に対する効力を意味する。このように、世界的規模で財に関する(x)物権の定義と(z)譲渡可能性を保障する制度を背景として、したたかに航空機の販路拡大が進行している。

227) ケープタウン条約・航空機議定書制定の立役者であるWool 1999もジュネーブ条約について、1948年の時点でこうした国際的合意に達したことは時代に先駆けていたと言っても過言でないとし、シカゴ条約との歴史的連帯とテクスト上の繋がりを考慮すれば国籍に着目した抵触法的解決は当時としては必要かつ適切であったと評する（Jeffrey Wool, "The Next Generation of International Aviation Finance Law: An Overview of the Proposed UNIDROIT Convention on International Interests in Mobile Equipment as Applied to Aircraft Equipment," 20 (3) *University of Pennsylvania Journal of International Economic Law* 499, p. 557 (1999)）。

第**3**章

統一担保制度誕生までの葛藤と和解の力学[1]

I　導　入

事業家は、資金提供者に担保を提供することで、より容易に融資を受けられるようになる。目的物の占有を債務者のもとにとどめておくタイプの担保が利用できる場合には、生産手段である資産に担保権を設定して、借入れを行うことも可能となる。また資金調達の目的が設備投資である場合は、ファイナンス・リースや所有権留保を利用するという選択肢もある。

しかし、ある財に一定の経済価値が認められるとしても、資金提供者がその財を担保物として高く評価するとは限らない。担保物の価値は、デフォルト時における担保権の実効性に大きく依存する。資金提供者は書物上の法から担保権の効力について何らかの示唆を得られるかもしれないが、それだけでは十分でない。資金提供者は、裁判所をはじめとする書物上の法の強制にあたる国家機関の質にも留意する必要がある。このことは、取引当事者に予測可能性を提供できない統治制度や法制度はそれ自体がコストとなりうることを意味する。そのため、そのような制度を有する国では資金調達に伴う費用が増大し、事業家による信用へのアクセスが困難となる。

この問題を解決する1つの方法として、国際統一担保制度を建設する多国間条約を作成し、条約への批准を通して各国を法制度改革に取り組ませることが考えられる。しかし、この方法が所定の成功を収めるには、いくつかの条件を

1）　この章の主な主張は、Ikumi Sato and Yoshinobu Zasu, “Beyond Conflict of Interest: Lessons from the Cape Town Convention,” 1(1) *Asian Journal of Law and Economics* 1 (2010) の成果に大きく依拠している。本章は、共著者の同意を得た上で、筆者が本書のために加筆修正したものである。

満たさなければならない。第1に、円滑な担保権実行を達成する観点から、条約において締約国の法執行機関のための行為規範を詳細に規定する必要がある。一連の詳細かつ具体的な規範は、実行過程における裁判所や関係当局の裁量の幅を制限しうるからである。第2に、こうした規範群は締約国が遵守できるものでなければならないだろう。さらに、近年の研究によれば、条約違反に対する一種の制裁装置が組み込まれている場合に、締約国による条約遵守の状況は大幅に改善することが指摘されている。[2] こうした諸条件を満たす条約が作成され、ある国がそれを批准するならば、その事実は当該国における資金提供者の担保権保護に関する強力なシグナルを形成することになるだろう。つまりこの場合には、条約についての評判が予測可能性の源泉となる。そのため各国は、単独で法制度改革に取り組む場合に比べ、より短期間のうちに改革の果実を享受できるようになるかもしれない。

このように多国間条約の応用により資金提供者の担保権について予測可能性を創出するには、何よりもまず締約国の法執行機関の裁量を制約しうるだけの詳細かつ具体的な行為規範群が必要となる。ケープタウン条約の起草者達は、この点を強く意識していた。例えば、同条約の起草期間中に公表されたWool 1999には次のようなくだりが見られる。

> 資産をベースとするファイナンスは、明確性、客観性および予測可能性を前提とする。多義的で漠然と起草された規範群は、そのいずれも提供しない。そのような規範群は必然的に、「最小共通項」から成る法を誕生させることになろう。そのような規範群はまた、国際的な立法組織(ここでは、各国は所定の立法手続を経て行為することになる)から国家の司法機構への権限委譲を生じさせる。後者は、事前に商事的観点からなされた考慮を重視しない恐れがある。[3]

2) 例えば、Paul Stephen Dempsey, "Compliance & Enforcement in International Law: Achieving Global Uniformity in Aviation Safety," 30 *North Carolina Journal of International Law and Commercial Regulation* 1 (2004) を参照。Dempsey 2004は空の安全をめぐる多国間条約を題材にこの点を考察する。

3) Jeffrey Wool, "The Case for a Commercial Orientation to the Proposed UNIDROIT Convention as Applied to Aircraft Equipment," [1999] *Uniform Law Review* 289, p. 293.

また、外交会議開催直前に公表された、本条約予備草案と航空機議定書予備草案に基づく経済アセスメントには、次のようなくだりがある。

> 最大の利潤を生み出すには、本条約と議定書が有効に実施されなければならない。また本条約と議定書には、締約国裁判所による規定の厳格かつ確実な執行を保障するのに必要な一切の方策が組み込まれている必要がある。このことから、本条約と議定書の最終正文は、締約国の裁判所がこれに従って迅速に諸問題の解決にあたれるよう明確かつ詳細なものでなければならない。[4)]

これらの記述から起草者達が、詳細かつ具体的な規範群の存在が予測可能性を創出するための前提となることを、はっきりと認識していたことが分かる。

この点における起草者達の努力は功を奏していると言える。**第1章**-Ⅳ-3で紹介した米国輸出入銀行の割引制度を通して、例えばエアー・インディアはボーイング機の購入資金5億4860万米ドルを調達した際に500万米ドル以上の節約に成功したと報じられている。[5)] この割引制度の実施に踏み切った理由について、同行の会長兼社長は「本条約と国際登録機関が国境を越える航空機ファイナンスや航空機リースの法的リスクを著しく低減し、それによって資金提供者に多大な予測可能性をもたらすであろうことを我々は固く信じている[6)]」と述べる。このように発展途上国の航空会社の中に有利な条件でファイナンスを受けるものが現れているという事実は、同条約・議定書が産業界に予測可能性を提供できるほど明確で詳細な規定から成ることを示す1つの証拠となろう。

他方でケープタウン条約は、締約国数においても一定の成功を収めている

4） Anthony Saunders and Ingo Walter, “Proposed UNIDROIT Convention on International Interests in Mobile Equipment as Applicable to Aircraft Equipment through the Aircraft Protocol: Economic Impact Assessment,” 23(6) *Air & Space Law* 339, p. 346 (1998).

5） EXIM's News, “Ex-Im Bank Extends $548.6 Million in Loan Guarantees to Support Boeing Aircraft Exports to India (September 18, 2008),” 〈http://www.exim.gov/news/ex-im-bank-extends-5486-million-loan-guarantees-support-boeing-aircraft-exports-india〉 (visited September 1, 2015).

6） EXIM's News, “Ex-Im Bank Extends Offer of Reduced Exposure Fee Through December 2010 for Buyers in Countries Implementing the Cape Town Treaty (September 26, 2007),” 〈http://www.exim.gov/news/ex-im-bank-extends-offer-reduced-exposure-fee-through-december-2010-for-buyers-countries〉 (visited September 1, 2015).

(巻末別表を参照)。多国間条約という法形式により私法の国際統一を目指す場合には、締約国数もまたその成功・不成功を論じる際の重要な基準を成す。その理由は、私法統一の目的の1つが、各国私法の平準化を通した取引費用の低減と規模の経済性の創出にあるからである[7)]。特に同条約のように常時国境を越えて移動する物件を対象とする場合には、多くの国家の協力なしに安定性の高い国際統一担保制度を確立することは不可能である。

以上より、ケープタウン条約の起草者達には、産業界に予測可能性を供すると同時に、多くの国に受け入れられるような条約の作成が求められたと見ることができる。しかし、過去の統一私法条約起草プロジェクトから得られた教訓によれば、この2つの要望を両立させることは容易なことではない。これまで担保法の領域において統一実質法が実現しなかった主な理由は、多国間条約に固有の制定過程にあったと考えられる。ここで1つの問いが生まれる。それでは、なぜケープタウン条約の場合には、この2つの要望を両立させることに成功したのだろうか?

本章では、この問いへの答えを探求する。ケープタウン条約のユニークさに注目する諸研究の中でも、特にDavies 2003から多くの示唆を得た。同論文は、強力な産業団体の起草過程への参画が本条約の特徴、構造および内容にどのように影響したかを考察する[8)]。これによれば、強力な産業団体の起草過程への参画が、効率性の高い担保制度に不可欠な諸原則、すなわち①優先順位の透明性、②実行の迅速性および③倒産時における実効性を反映した実質法条約を誕生させたとする[9)]。この章ではこれをさらに押し進め、ゲーム理論のモデルを用いて、どのような条件の下で起草者は国家の多様な利害を調整しながらそのような産業界の要望を条約に反映させることが可能になったのかを探求する。

また、この章の分析枠組みについては、CISGの制定過程に新制度派経済学の視点からメスを入れたGillette and Scott 2005に負うところが大きい。これ

---

7) Katharina Pistor, "The Standardization of Law and Its Effect on Developing Economies," 50(1) *American Journal of Comparative Law* 97, pp. 97-98 (2002) を参照。

8) Iwan Davies, "The New Lex Mercatoria: International Interests in Mobile Equipment," 52(1) *International and Comparative Law Quarterly* 151 (2003).

9) Davies 2003, *supra* note 8, pp. 174-175.

によれば、産業界は、起草途上にある条約に対して、国際売買に伴う取引費用の低減の観点から高い予測可能性を期待するとされる[10]。それに対し起草者は、法律家としての名声の獲得といった自己目的の実現の観点から批准数の最大化を目指し、その結果、最大多数の国に受け入れられる抽象的で多義的な規範群を起草する傾向があるとされる[11]。ここで興味深い点は、多様な法システムに調和する条約を起草しようという起草者の努力が実は、締約国の行為規範に関する詳細かつ具体的な規定群の誕生を阻む要因となっているとの示唆である。本稿ではこの分析を出発点とし、ケープタウン条約について、予測可能性の創出と国際的調和の実現という2つの理念の葛藤がどのような形で和解し、これら両面において成功をもたらしているかを考察する。

本稿の構成は次の通りである。次節では基本モデルを設定し、詳細かつ具体的な規定から成る統一私法条約について産業界と国家がどのような選好を有するかを考察し、条約草案に対する産業界と国家のそれぞれの要望について仮定を置く。その後、そのような仮定を背景に、ケープタウン条約に組み込まれたユニークな方策の意義を考察する。Ⅲでは産業界の要望を満たすための方策を、Ⅳでは国家の要望に応えるための方策を扱う。Ⅴでは、まとめと簡潔な政策的含意を述べる。

Ⅱ　基本設定

この節では非常にシンプルなモデルを使って、航空機ファイナンスの当事者が条約の下で行う意思決定と、国家が条約を批准する際に行う意思決定とを検討し、産業界と国家の統一私法条約に対する選好をそれぞれ仮定する。ここで想定している条約は、航空機のための国際統一担保制度を建設するために制定されるものである。モデルにおける意思決定の主体は、条約起草機関、国家および取引当事者の3者である。各主体の役割とゲームの順序は、次の通りである。

10) Clayton Gillette and Robert Scott, “The Political Economy of International Sales Law,” 25 *International Review of Law and Economics* 446, p. 484 (2005).

11) Gillette and Scott 2005, *supra* note 10, p. 484.

1　条約起草機関による条約草案の起草
2　外交会議における草案の修正と正文の採択。採択された場合には、各国による条約の批准または批准見送りの決定
3　産業界における航空機ファイナンスの実施。すなわち、資金提供者と資金調達者（航空会社）による融資契約の締結
4　締約国での条約に基づく航空機担保権の実行

以下では、各段階をより詳細に説明する。まず条約起草機関が、航空機のための国際統一担保制度を建設するための条約草案を起草する。その際に条約起草機関は、ルール的性格の強い草案とスタンダード的性格の強い草案のいずれを準備するか、そして前者の場合にはどの程度資金提供者の担保権を強化した内容とするかを比較的自由に決定できるものとする。ここで条約草案が「ルール」または「スタンダード」であるという場合、これらの用語はKaplow 1992の定義に基づいている。つまり「ルール」とは、取引当事者の行為前に、実質的内容を付与すべく設計された法をいう[12]。それに対し「スタンダード」とは、取引当事者の行為後に、実質的内容を付与すべく設計された法をいう[13]。条約起草機関がルール的な草案の起草を決定する場合には、当該機関自身が起草過程において法に実質的な内容を付与することになる。他方で条約起草機関がスタンダード的な草案の起草を決定する場合には、締約国の法執行機関が運用過程において法に実質的な内容を付与することになる。

次に外交会議において、政府代表間でそのような草案を叩き台に条約正文が採択される。投票国の３分の２以上の支持を獲得できなければ、草案は正文として採択されない[14]。条約が採択された場合には、各国は批准するか否かを決定する。条約が定める批准数に達して、ようやく条約は発効する。

条約が発効すれば、それを所与として、産業界では資金提供者と航空会社が

12） Louis Kaplow, “Rules Versus Standards: An Economic Analysis,” 42 *Duke Law Journal* 557, p. 557 (1992).

13） Kaplow 1992, *supra* note 12, p. 557.

14） 条約法に関するウィーン条約第９条２項。

航空機の購入のために融資契約を締結する。融資契約において、融資額と利息が取り決められるとともに、デフォルト時における債権回収を図るため航空機に担保権が設定される。事業が好調ならば、航空会社は契約に従い資金提供者へ元本と利息を返済する。他方で事業が失敗した場合には、航空会社はデフォルトに陥る。

このとき航空機の所在国において担保権が実行されることになるが、これは必ずしも円滑に行なわれるとは限らない。その理由は、航空機所在地において当該航空機の占有回復や国籍抹消あるいは国外搬出等を許可しないという事態が起こりうるからである。[15] その際、その国が批准した条約がルール的なものであれば、裁判所や関係当局は詳細かつ具体的に規定された条約の文言通りに行動する義務を負うが、条約がスタンダード的なものであれば、裁判所や関係当局は抽象的かつ多義的に規定された文言の範囲内で裁量を行使する余地がある。[16]

以下では、アクターたちの不自然な意思決定を排除するために、上記ゲームを実際の意思決定とは逆の順番に分析していく（後ろ向き帰納法）。したがって、Ⅱ－１では段階４を、Ⅱ－２では段階３を、Ⅱ－３では段階２を、そしてⅢとⅣでは段階１を考察する。

1　航空機担保権の実行

航空会社がデフォルトを起こせば、資金提供者は航空機に設定された担保権を実行する。しかし、円滑な実行のためには、多かれ少なかれ現地の法執行機関の協力が不可欠となる。締約国の裁判所や関係当局が裁量を行使して実行過程に干渉するリスクは特に航空会社所在地で高まる傾向にあり、具体的には航空機の①没収、拿捕および抑留、②占有回復への妨害、③国外搬出の不許可、④国籍抹消の不許可、⑤強制競売やリースによる債権回収の拒絶等の形で顕在

15）具体例については、山上正雄「日本のケープタウン条約批准に向けて」NBL799号９頁（2004）を参照。

16）なお、当該国が締約国ではない場合にも、裁判所や関係当局には裁量を行使する余地があると考えられる。分析をシンプルにするために以下では、ある国がスタンダード的な条約を批准した場合とある国が条約を批准していない場合とを同様に扱う。

化する[17]。こうした実行過程への干渉を通して、航空会社所在地の法執行機関は資金提供者以外の利害関係人の利益を優遇していると考えられる。

そこでSato and Zasu 2010では、σを航空会社所在地における資金提供者の担保権の保護の程度（その値は0から1をとる)、sを航空機の価値と定義した上で、このような担保権実行の局面をモデルにした[18]。これにより、資金提供者以外の利害関係人の保護の程度は、$1-\sigma$で表されることになる。担保権実行の結果、資金提供者が実際に手にする航空機の担保価値はσsであり、残りの部分$(1-\sigma)s$が資金提供者以外の利害関係人のものとなる。このため航空会社所在地の法執行機関は、この$(1-\sigma)s$を最大にするように資金提供者の担保権の保護の程度を決定する傾向があると言え、これにより国内の利得W^Sを最大化していると考えられる。

$(1-\sigma)s$は、裁判所や関係当局が$\sigma^*=0$の決定をする場合に最大となる[19]。つまり、現地の法執行機関は資金提供者の担保権を保護しない。これは次のことを意味する。条約がスタンダード的なものである場合、締約国の航空会社に対して融資を実施した資金提供者は、たとえ事前に航空機に担保権の設定を受けていたとしても、それがデフォルト時に円滑に実行される保障がないことを覚悟しておかなければならない。その理由は、締約国の法執行機関が、弱者保護等の名目で、資金提供者以外の利害関係人の利益を優先するという可能性を完全には払拭できないためである。モデルにおけるこのような意思決定は、カントリー・リスクの高い国でしばしば見られる法執行機関の行動と整合的である。

2　航空機ファイナンス

ここでは、航空輸送事業に必要な航空機の取得のために融資契約を締結する資金提供者と航空会社の行動を考察する。この局面をモデルにするにあたり、

---

17)　羽原敬二『航空機ファイナンスの諸問題』42頁（関西大学経済政治研究所、1997）およびDavid Maule, “Aircraft Repossession Insurance,” In: Andrew Littlejohns and Stephen McGairl (Eds.), *Aircraft Financing* (3rd ed.) 328, p. 329 (1998) を参照。

18)　この部分の厳密なモデル分析については、Sato and Zasu 2010, *supra* note 1, pp. 10-12を参照せよ。

19)　肩付きの＊マークは、各アクターの選択を表す。

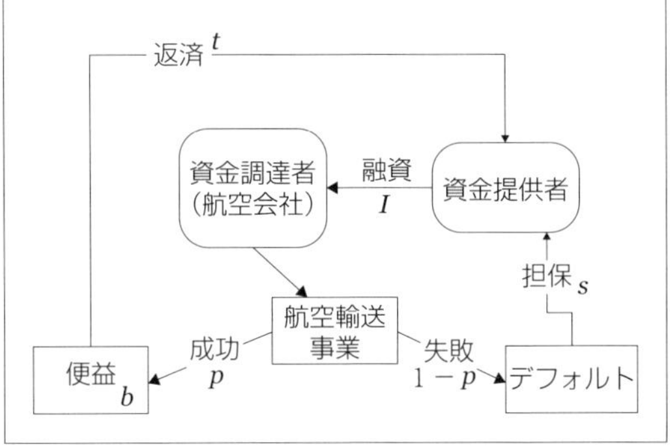

図表3－1　航空機ファイナンス

Sato and Zasu 2010 では、図表3－1のようなシンプルな取引構造を前提とした[20]。ここでは、取引当事者をともにリスク中立的であると仮定している。資金提供者は航空会社に資金 I を提供し、航空会社はその資金を元に航空機を取得し、航空輸送事業を行う。事業の遂行にあたり、航空会社は費用 ψ を負担する。この事業は確率 p で好調な業績を挙げ、利益 $b(>I+\psi)$ を生み出す。そして融資契約に従い、元本および利息として t が資金提供者に返済される。事業は確率 $1-p$ で失敗し、航空会社はデフォルトに陥る。これにより資金提供者は航空機に設定されている担保権を実行する。このとき資金提供者は、契約上は s を得る権利を有するが、実際には、当該国における資金提供者の担保権の保護の程度で割り引かれた航空機の実質価値 σs を回収できるに過ぎない。まとめると、資金提供者は確率 p で $t-I$ を確率 $1-p$ で $\sigma s-I$ を得、航空会社は確率 p で $b-t-\psi$ を確率$1-p$ で $-\psi$ を得ることになる[21]。

こうした点に留意して、資金提供者と航空会社が航空機の取得のために融資契約を締結するとしよう。この契約上、資金提供者と航空会社の利益は等しく分割されるものと仮定する[22]。契約における資金提供者への返済額 t は、上述の

20）この部分の厳密なモデル分析については、Sato and Zasu 2010, *supra* note 1, pp. 12-15を参照。

21）航空会社所在地がスタンダード的な条約を批准している場合、σ は資金提供者の担保権の保護の程度に関する当事者の予想となる。均衡では、この予想は実際の決定と一致しなければならない。この場合 $\sigma=0$ となる。他方で、航空会社所在地がルール的な条約を批准している場合、σ は条約で規定された通りの資金提供者の担保権の保護の程度となる。ここでは、これらを所与として分析している。

22）この部分に関する厳密なモデル分析については、Sato and Zasu 2010, *supra* note 1, p. 14を参照せよ。

図表3－2　同一事業について融資がなされない（信用割当が生じる）σの範囲

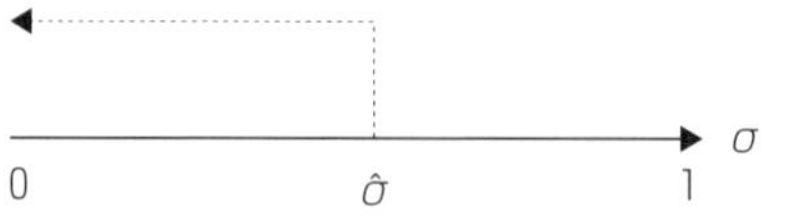

諸要素に基づいて決められる。特に注目すべきは、当該国での担保権の保護の程度σが小さくなるにつれて、資金提供者への返済額tを大きく設定しなければならないことである。これは航空機の担保価値が当該国の法執行機関によって減価されるおそれがある場合、資金提供者は融資にあたりそのリスクをリターンに織り込むことを意味する。資金提供者は、自己利益が正である時にのみ、航空会社に融資する。他の条件を一定とすると、資金提供者の利益は、担保権の保護の程度が一定の水準以上でなければ正にならない。この融資が可能となる資金提供者の担保権の保護の閾値を$\hat{\sigma}$とすると、この閾値を下回る場合、資金提供者の利益は負となり、融資はなされない（図表3－2）。つまり、資金提供者の担保権が十分に保護される場合には融資が行われる事業であっても、その保護が十分でない場合には融資は行われないことになる。このような状況は、資金提供者の担保権の保護が弱いことに起因する信用割当（credit rationing）だと言える。

簡単な比較静学から、事業の成功の可能性が高いほど、この閾値は小さくなることが分かる。換言すると、事業成功の確率pが小さくなるにつれては$\hat{\sigma}$大きくなり、その分、融資がなされるσの範囲は狭くなる。このことは、リスクが高い事業に融資が行われるためには、国家によって資金提供者の担保権が十分に保護されていなければならないことを意味する。つまり、国家による資金提供者の担保権の保護が十分でなければ、リスクの高い事業には融資されない。以上の議論から、産業界（資金提供者と航空会社の双方）はルール的な条約を望むと仮定できる。

3　条約の採択と批准

ここでは、統一私法条約に対する国家の選好を考察する。条約形式による私法統一は、国家による2つの意思決定を介して達成される。第1は、外交会議での条約正文の採択をめぐる意思決定である。第2は、そのようにして採択された条約の批准をめぐる意思決定である。

採択と批准は(1)多数の国が関与し、(2)各国が独自の利害関係から意思決定を行うという点では共通する。Torsello 2004は条約制定のこのような特徴を捉えて、統一私法条約の多くが「様々な国から提案され支持された解決策間の妥協」の産物であるとし、そのような解決策の提案および支持が自国法の条約内容への反映や自国の商人の利害の観点からなされていることを指摘する[23]。**第1章**Ⅱ-1で述べたように、このような条約制定の特徴は1948年ジュネーブ条約の起草方針や1970年代のUNCITRALのプロジェクトに決定的な影響を及ぼした。事実上、担保法領域における実質法条約の不在は、ケープタウン条約・航空機議定書が発効した2006年まで続いた。

このことから、ルール的な条約（または条約草案）は、広く国家の支持を獲得できないと仮定できる[24]。つまり、採択の局面では、条約草案がルール的なものであれば、それに対して多くの修正がなされない限り、国際的な合意に至ることは困難であろう。また批准の局面では、条約がルール的性格の強いものであれば、それに批准する国は少数にとどまると思われ、クリティカル・マスに達しないと予想される。その結果、条約のネットワーク効果を期待して批准を決定する潜在的締約国を、取り逃がしてしまうことになりかねない。なるほど、外交会議における条約の採択をめぐる国家の意思決定と、採択された条約への批准をめぐる国家の意思決定とは、本来全く別個の政策判断に基づいて行われるであろう。しかし、採択の局面であろうと批准の局面であろうと、条約草案や条約正文がルール的性格の強いものであるならば、広く国家の支持を獲得することが難しいという点では大差ない。そこで以下では、分析をシンプルにするために、主に批准の局面おける国家の意思決定に焦点を合わせる。

議論を進める都合上、条約がルール的なものである場合にある国がそれを批

23) Marco Torsello, *Common Features of Uniform Commercial Law Conventions: A Comparative Study Beyond the 1980 Uniform Sales Law* 212 (2004).

24) 曽野和明「変容した国際社会と条約至上主義への疑問：新モデルを求めるUNCITRAL」国際法外交雑誌84巻6号6頁（1986）。

准することで得られる利得を W^R、条約がスタンダード的なものである場合にある国がそれを批准することで得られる利得を W^S と記述する。W^R の内容は、ルール的な条約に基づく航空機ファイナンスから生まれる国内航空会社の利益であり[25]、W^S の内容は、事後的に航空会社所在地の法執行機関が資金提供者の担保権の保護の程度を調整することで得られる国内の利得である（Ⅱ-1を参照)。ここで W^S を y と置く。したがって、y は、ルール的な条約を批准しないことで得られる国家の利得である。見方を変えると、y は、ルール的な条約を批准して事後的裁量を放棄することから生まれる費用（機会費用）と解することも可能である。y は、分布関数 $f(y)$ の分布に従い、0から∞までの値をとるとする。これは、自国の関係当局に裁量行使の余地を残し、自国の裁判所に複雑な利益衡量を行う余地を残すことにより得られる利得が、それぞれの国の事情により異なることを示している[26]。

ある国がルール的な条約を批准するのは、ルール的な条約を批准しないことにより得られると予想される利得がルール的な条約を批准することにより得られると予想される利得を下回る場合（$W^S \leq W^R$)、すなわち $y \leq W^R$ が成り立つ場合であると考えられる。この条件式の右辺を $\hat{y}$ と置く。このようにして**図表3-3**では、$\hat{y}$ の左側部分（太枠部分）が、条約がルール的なものである時にそれを批准する国の割合を示すことになる。これに対して $\hat{y}$ の右側部分は、条約がルール的なものである時にそれを批准しないという国の割合を示す。つまり $\hat{y}$ が、各国がルール的な条約に批准するか否かの閾値となる。したがって、どのくらいの国がルール的な条約を批准するかは、y の分布 $f(y)$ の形状と $\hat{y}$ の

25) もっとも航空輸送が経済インフラの一部を成していることに鑑みれば、国内航空会社の利益 W^R は間接的には当該国のマクロ経済学的パフォーマンスや経済成長率にも影響し得る（Anthony Saunders, Anand Srinivasan, Ingo Walter and Jeffrey Wool, “The Economic Implications of International Secured Transactions Law Reform: A Case Study,” 20(2) *University of Pennsylvania Journal of International Economic Law* 309, p. 313 (1999))。

26) 奥野（藤原）1997は政府を、三権分離の度合いや管轄権限が集権的か分権的かに応じて、「権威主義的政府」、「ルール依存型政府」、「関係依存型政府」および「混乱状態の政府」に分類する（奥野（藤原）正寛「政府・企業関係の比較制度分析に向けて」青木昌彦ほか編『東アジアの経済発展と政府の役割：比較制度分析アプローチ』409頁（日本経済新聞社、1997))。ここでの国ごとに y の大きさが異なるという前提は、例えばこうした政府の類型を考慮した結果である。

図表3－3　ルール的な条約を批准する国の割合（あみかけ部分）

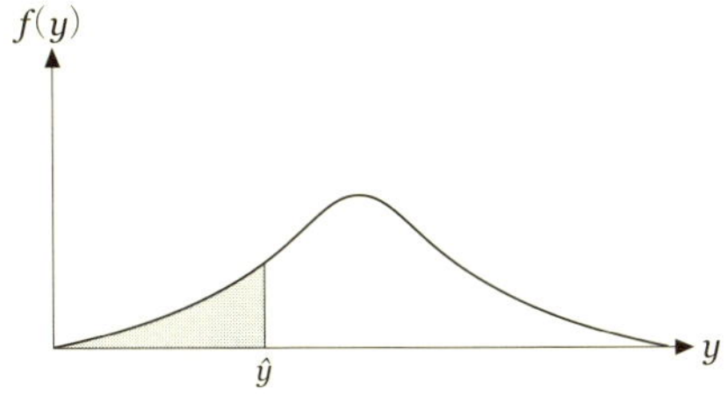

大きさに依存する。

そこで次に、$f(y)$ の形状と $\hat{y}$ の大きさを考察しよう。$f(y)$ の形状については、国家間で政策的環境や担保法制の偏差が大きいことに鑑みるならば[27]、末広がりとし、$\hat{y}$ の大きさについては、Ⅱ－1とⅡ－2の議論を踏まえるならば、比較的小さ目に設定することが現実に近いと考えられる（図表3－3参照）。このように $\hat{y}$ の値が小さければ、$\hat{y}$ の右側の面積が左側の面積より大きくなる。そのため初期条件としての国家の選好は、ルール的な条約を望まない国の方が多いと仮定できる[28]。

この結果をⅡ－1とⅡ－2のそれと比較するならば、航空機ファイナンスのための統一担保制度の構築を目的とする条約について、産業界と国家は全く異なる選好を有すると結論付けることができる。このことは、条約起草機関が産業界の要望を満たすべくルール的な条約草案を起草したとしても、そのような草案は潜在的締約国に受け入れられにくいことを意味する。その結果、外交会議においてルール的な条約草案は大幅に修正され、スタンダード化するかもしれない。また、仮にルール的な条約が採択されたとしても、世界的に私法統一を実現するのに十分な批准数を獲得する上で大きな困難に直面するかもしれな

27）Goode 2005は、条約作成にあたって表面化する対立の一つに、コモンローと大陸法の間で産業界に許されているルールメイキングにおける自由度の相違を挙げており、特に物権法（property law）の分野でのレッセフェール・アプローチは、大陸法にとって受け入れ難いものであることを指摘している（Roy Goode, "Rule, Practice, and Pragmatism in Transnational Commercial Law," 54 *International and Comparative Law Quarterly* 539, p. 558（2005））。

28）国家の選好をこのように仮定することは、動産担保法分野での法の統一は極めて難航するというこれまでの経験とも整合的である。例えば、州ごとの法伝統の偏差が比較的小さいアメリカにおいても、UCC第9編が今日のように全米規模での統一法としての実質を獲得するまでには、数度にわたる改正作業を要したことが指摘されている（青木則幸「アメリカ統一商事法典第9編における浮動担保制度の史的考察(1)：事業収益を基礎とする動産担保の制度設計に向けて」早稲田法学79巻2号67頁（2004））。

い。要するに、統一私法条約の詳細な規定の誕生をめぐり、産業界の要望（ルール的性格を強くせよという要望）と潜在的締約国の要望（ルール的性格を強くするなという要望）は、トレードオフの関係にあると言うことができる。この節のモデルは、条約起草機関が産業界の要望を満たすならば、他方で潜在的締約国の要望に応えることができていないかもしれないということを示唆する。読者には、この２つの要望が対立関係にあるというよりもむしろ、この両立しがたい２つの要望を同時に満たすことがケープタウン条約の起草にあたって求められていたという点に注目していただきたい。

この節ではゲームの順序を逆さから解くことによって、航空機ファイナンスのための統一担保制度の構築を目指す上で、条約起草機関が何を考慮する必要があるかを考察した。前提としての以上の分析から、産業界の要望と潜在的締約国の要望は容易に両立しえないということが示されている。ⅢとⅣでは、このような状況を所与として、条約起草機関であるUNIDROITがこの２つの要望を満たすべく、ケープタウン条約の起草にあたって創出したいくつかの方策とその意義について考察する。

Ⅲ　産業界の要望を満たすための方策

この節では、ケープタウン条約に組み込まれた４つのユニークな方策を取り上げる。そして、それぞれが導入されるに至った経緯を明らかにすることで、それらが産業界の要望を満たす上でどのような意義を持つかを考察する。1では産業団体の起草過程への参画を、2では二元構造を、そして3と4では一般条項の排除を扱う。5ではモデルに沿って、これらの方策の効果を分析する。

1　産業団体の参画

産業界の要望を満たすための方策としてまず、産業団体を起草過程に参画させたことが挙げられる。Ⅱで述べたように、航空機に設定された担保権の円滑な実行が保障されるならば、航空機ファイナンスの当事者はともにその利益を直接享受する。このような前提に立ちⅡではさらに、産業界の統一私法条約に関する選好について、締約国の法執行機関が事前に設計された詳細で具体的な義務の拘束を受けるルール的な条約の誕生を望むと仮定した。ルール的な条約草案の準備のためには、起草過程における情報の獲得が不可欠となる。そして、そうした情報の中から目的に適うものを判別し、それを法規範に落とし込む作業が重要となる。このプロセスに欠陥があれば、航空機ファイナンスの効率的な方法での促進の観点から見て最良となるように各アクターが事後にとるべき行動を事前に設計しうるというルールの最大の利点は、損なわれる。

第1章-Ⅱ-2で述べたようにケープタウン条約においては、UNIDROITからの要請を受けて、同条約の発展に寄与することを目的としてAWGが結成された。[29] AWGのメンバーには、航空機（エンジン）メーカー、リース会社、銀行等が名を連ねる。[30] 将来の条約ユーザーから成るAWGには、条約のあり方をめぐる議論に資するようメモランダムの提出が要請された。[31] 起草者達は終始そうしたメモランダムに特別の注意を払い続けた。AWGの参画は、ケープタウン条約の起草方針を尖鋭化し、締約国数の最大化よりも受益者効用の満足化を優先させる転換点となった。AWGの参画を機に、統一私法条約の起草方針がそれまでの経路を外れ、新たにルール的な条約の制定に向けて舵が切られたのである。

2　二元構造

産業界の要望を満たすための第2の方策は、条約の構造を二元化したことである。ケープタウン条約の下では、それぞれの物件に固有の議定書が準備される。**第1章**-Ⅱ-3で見たように二元構造は、航空機、エンジン、鉄道車両、宇宙衛星、油田掘削装置および特定の船舶のすべてを単一の条約でカバーすることの立法技術上の困難さから誕生した。

このアプローチの採用は、産業セクター主導で物件固有の規定を起草するための秩序を創出した。二元構造の下で航空産業セクターは、本体条約の諸原則

29)　〈http://www.awg.aero/inside/purpose/〉(visited November 8, 2014).

30)　〈http://www.awg.aero/inside/members/〉(visited September 1, 2015).

31)　UNIDROIT 1995 Study LXXII-Doc. 15 p. 9.

を踏まえつつも独自に航空機物件に固有の規定を発展させていった。その典型例は、航空機議定書第IX条において債権者に追加的に付与されている航空機の国籍抹消権と国外搬出権に見られる。これらの権利は、IDERA記録制度の下で一層有効に機能するよう設計されている。

さらに、二元構造の採用により、通時的に議定書を条約に編入することが可能となった。本条約については、将来的にその適用範囲を航空機物件、鉄道車両および宇宙資産以外の物件へと拡大することが企図されており、そのため第51条において新たな議定書の制定について必要な一連の手続が規定されている。このような開放的構造は、各産業セクターにおいて十分なコンセンサスが形成され、同条約を商事的にも政治的にも受け入れられるものにするのに必要なタイムテーブルを産業セクターごとに付与することを可能にする[32]。そのため航空、鉄道および宇宙の産業分野で資金の流動性に改善が認められるならば、他の産業セクターもその利益に預かるべく本体条約の諸原則に依拠して新たな議定書の起草作業を引き受けようとするかもしれない[33]。

以上から二元構造は、条約でカバーされる物件間のリンクを表面上弱めることにより受益者の範囲を絞り込み、その上で、そうした受益者が物件に固有の議定書を起草する上で積極的な役割を担うことを後押ししていると言える。二元構造は、産業界の要望を満たすルール的な条約の制定に大きく貢献している。

3　信義則の不採用とオフィシャル・コメンタリーの作成

産業界の要望を満たすための第3の方策は、ケープタウン条約から信義則概念を排除した上で、物件ごとにオフィシャル・コメンタリーを作成したことである。信義則概念は従来、統一私法条約の解釈原則として多用されてきた[34]。例

32）UNIDROIT 1996 Study LXXII-Doc. 32 pp. 1-2.

33）Mark J. Sundahl, “The ‘Cape Town Approach’: A New Method of Making International Law,” 44(2) *Columbian Journal of Transnational Law* 339, p. 363 (2006).

34）本文で引用したCISG第7条1項の他、例えば「国際ファイナンス・リースに関するUNIDROIT条約」(1988年採択) 第6条1項、「国際ファクタリングに関するUNIDROIT条約 (UNIDROIT Convention on International Factoring)」(1988年採択) 第4条1項および「国際貿易におけ↗

えばCISG第7条1項では、「この条約の解釈に当たっては、その国際的な性質並びにその適用における統一及び国際取引における信義の遵守を促進する必要性を考慮する」ことが規定されている。問題は「国際取引における信義の遵守」が何を意味するかである。このような多義的な概念は、締約国の裁判所に対して同条約の各規定を事件に適用する際に解釈の余地を与えうる。

事実、大陸法における信義則概念の役割について、ドイツの裁判所はこの多義的な法概念に内容を付与することを通して、法典の枠を越えて判例法を発展させてきたことが指摘されている[35]。さらに第二次世界大戦後は、当初予見できなかった出来事の発生により契約が不均衡となった事件で広く利用されてきたと言われている[36]。このような形で信義則概念を利用している国があるのであれば、取引当事者の中には、条約や契約が定める義務を回避するために訴訟を提起する者が出てくるかもしれない[37]。このような観点から見れば、本条約において信義則を解釈原則として採用しなかったことは、締約国の裁判所に対して事後的に資金提供者の利益を操作することを可能にする法的ツールを付与しなかったことを意味する。このような消極的な理由からではあるが、信義則の不採用は安定的な統一担保制度の構築という目的に資すると言えよう。

このようにケープタウン条約は、締約国の裁判所が事後的にその条項に内容を付与し、立法趣旨とは異なる解釈をしないよう設計されている。しかし、ここで新たな問題が生じる。つまり、締約国の裁判官やその他の法執行者が必ずしも起草者の意図通りに各条項の意味を理解するとは限らないことである。言うまでもなく、統一私法条約はそれぞれの締約国で内生的に発展を遂げたわけ

↘る債権譲渡に関する国連条約」(2001年採択) 第7条1項も参照せよ。

35) Katharina Pistor, "Legal Ground Rules in Coordinated and Liberal Market Economies," In: Klaus Hopt et al. (Eds.), *Corporate Governance in Context : Corporations, States and Markets in Europe, Japan, and the US* 249, pp. 262-263 (2005).

36) Pistor 2005, *supra note* 35, p. 260.

37) AWGとIATAも同様の理由により、解釈基準としての信義則の採用に反対している。すなわち両団体は、信義則に親しみのない国がある一方で親しみのある国の間でもその機能が一様でないことに言及し、その意味をめぐる訴訟が誘発されかねないことを指摘する (UNIDROIT 1997 Study LXXII-Doc. 32 Add. 2 p. 8)。その上で、国際的なアセット・ファイナンスの促進を目的とする本条約においては、信義則の採用を見送るべきであると結論付けている (*Ibid.*)。

ではない。したがって、現地の法執行者にとって、条約の法政策を理解することは、国内法の法政策を理解するよりも困難であると考えられる。その結果、国際取引は不安定になろう。事実、CISGについては、締約国間で統一的解釈を可能にするメカニズムを創出できなかったことが、国際取引においてしばしば確認される準拠実質法としてCISGの代わりに国家法を選択するという実務の一因となっているとの指摘がある。[38)]

ケープタウン条約の場合には、オフィシャル・コメンタリーがこの問題を解決する上で有効に機能すると考えられる。航空機物件、鉄道車両および宇宙資産のそれぞれについて異なるコメンタリーが準備されており、いずれも同条約起草プロジェクトにおいて議長を務めたRoy Goodeが執筆している。「オフィシャル」という形容詞の由来は、これらのコメンタリーが各議定書の採択のために開催された外交会議の決議に従って用意されたことにある。[39)] 航空機物件に関するコメンタリーは2002年９月にUNIDROITから出版され、2008年６月には改訂版が、さらに2013年７月には第３版が刊行されている。第３版は763頁から成る大著であり、そこではケープタウン条約・航空機議定書の制定経緯、概要、基本原則および条文ごとの解説が記述されている。これだけの分量と構成を持つオフィシャル・コメンタリーの存在により、かなりの程度、各条項の立法趣旨と法執行者の理解の溝が埋まり、さらには取引当事者が事前に取引構造を設計することが可能になると期待される。同条約の内容は、締約国における判例法の形成を通してではなく、むしろこうしたコメンタリーの改訂によって更新されることになろう。[40)]

---

38) Pistor 2002, *supra* note 7, p. 110. また、Gillette and Scott 2005, *supra* note 11, p. 485も参照。

39) Roy Goode, *Official Commentary on the Convention on International Interests in Mobile Equipment and the Protocol thereto on Matters Specific to Aircraft Equipment* (3rd ed.) par. 7 (2013) [hereinafter O. C. 2013] およびRoy Goode, *Official Commentary on the Convention on International Interests in Mobile Equipment and the Luxembourg Protocol thereto on Matters Specific to Railway Rolling Stock* par. 6 (2008) を参照。

40) AWGとIATAの締約国の裁判所に対する不信は徹底している。両団体は、一般条項の排除には、判例法を通して商慣行の変化を通時的に条約へ反映させる機会が失われかねないという負の側面があることを認識していた（UNIDROIT 1997 Study LXXII-Doc. 32 Add. 2 p. 5）。その上で両団体は、UNIDROITの音頭で定期的に議定書の見直しを実施し、その作業を議定書↗

4　私的自治の応用

産業界の要望を満たすための第4の方策は、一般条項の内容を補充するために私的自治の原則を応用したことである。デフォルト発生時の担保権者による私的実行について、起草者達は当初次のように規定していた。そのような私的実行は「商取引として合理的な方法で行使されなければならない。合理性を判断するにあたり裁判所は、担保契約の中の救済行使方法に関するあらゆる条項を考慮しなければならない[41]」、と。これに対し、AWGとIATAは異議を唱えた。その理由は、「商取引として合理的な方法」という文言が①不明確であり、②その解釈が国によって異なる可能性があり、③訴訟を誘発するおそれがあり、かつ④締約国の裁判所によって自国民の利益を不当に保護するための正当化事由として利用されかねないというものであった[42]。AWGとIATAは、締約国の裁判所が事後的に取引に介入することを強く警戒したのである。

それに続いてAWGとIATAは次のように述べている。すなわち、この重要事項の解決を十分な指針なしに締約国の裁判所に委ねるべきではなく、むしろ条約において最低限の方針を規定した上で、取引当事者がこの点について自由に合意できるようにすべきである[43]、と。要するにAWGとIATAは、「商取引として合理的な方法」での救済行使という曖昧な文言に実質的な内容を付与する主体は、締約国の裁判所ではなく、契約当事者でなければならないと主張しているのである。

最終的には、この提案に沿う形で当該条項は次のように変更されている。すなわち、担保権者に認められているすべての「救済は、商取引として合理的な方法で行使されなければならない。救済が担保契約の規定に従って行使された場合には、当該規定が明らかに非合理的であるときを除き、商取引として合理

↘改訂の端緒と位置付けることで、この問題の解決を図ることを提案する（*Ibid.*）。この提案の根本思想はケープタウン条約第61条2項以下および航空機議定書第IIIVI条2項以下に継承されており、そこでは運用検討会議（Review Conferences）の開催手続と検討事項、条約・議定書の改訂手続に関して規定されている。

41)　UNIDROIT 1996 Study LXXII-Doc. 30 p. 11.

42)　UNIDROIT 1997 Study LXXII-Doc. 32 Add. 2 p. 9.

43)　UNIDROIT 1997 Study LXXII-Doc. 32 Add. 2 p. 10.

的な方法で行使されたものとみなす[44]」、と。原案と最終条項との間で、原則と例外の逆転が生じていることに注目する必要がある。さらに航空機物件については、このように定義される合理性要件が、担保権者による救済行使のみならず、レッサーや所有権留保売主による救済行使にも拡張されている[45]。これらの条項のお陰で、取引当事者が事前に書面で救済手段の行使方法を合意しておきさえすれば、締約国の裁判所による事後的干渉はある程度減少すると期待できる[46]。

5　モデルに基づく考察

このように上記4つの方策はいずれも、ケープタウン条約に産業界の要望を反映させる上で重要な役割を果たしている。モデルに則してその効果を説明すると以下のようになる。これらの方策が条約のルール的性格を強める結果、第1に、デフォルト発生時に締約国の法執行機関は詳細かつ具体的に規定された条約の文言に拘束される。これにより、Ⅱ-1とⅡ-2で述べたように資金提供者の担保権の保護の程度σは改善され、資金提供者は締約国での円滑な担保権実行を期待できるようになる。要するに締約国に、外国の資金提供者にとって魅力的な法環境が整う。これは**図表3-2**において、信用割当が生じるσの範囲が縮小することの帰結である。

第2に、締約国での資金提供者の担保権の保護の向上によってもたらされる法的リスクの低減は、融資契約で定められるリスク・プレミアムに反映されると期待できる。これはモデルでは、**図表3-1**における航空会社から資金提供者へのリターンt^*の減少として表される。このような割引は、米国輸出入銀行の減額措置を端緒として、今やOECDのケープタウン条約割引制度として結実している。

44）ケープタウン条約第8条3項。

45）航空機議定書第Ⅸ条3項。

46）O. C. 2013は私的自治を条約・議定書の5大原則の1つとし、本条約でカバーされる物件を目的とする取引を行う当事者は取引に精通しており、かつ専門的アドバイスを受けられるため、一般に契約は尊重され、強制されるべき旨記載する（*supra* note 39, par. 2.17）。つまり、取引当事者は交渉力を有しており、保護を必要とはしないとの認識がある（Roy Goode, "The Preliminary Draft UNIDROIT Convention on International Interests in Mobile Equipment: the Next Stage," ［1999］ *Uniform Law Review* 265, p. 268）。

第3に、t^* の減少は締約国の航空会社に利益をもたらす（Ⅱ-2）。このことは仮定より、Ⅱ-3における W^R の値の増大、すなわち閾値 $\hat{y}$ の右方向への移動を意味する（図表3-4参照）。その結果、太枠部分の面積は当初よりも増加することになり、モデルはルール的な条約を批准する国の割合が増加することを示す[47]。

Ⅳ　国家の支持を引き出すための方策

この節では、ケープタウン条約に組み込まれた2つのユニークな方策を取り上げる。そして、それぞれが導入されるに至った経緯を明らかにすることで、それらが国家の支持を引き出す上でどのような意義を持つかを考察する。1では条約の適用対象となる物件の種類における制限を、2では宣言システムを扱う。3ではモデルに沿って、これらの方策の効果を分析する。

1　対象物件の限定

国家の支持を引き出すための方策として第1に、条約の適用対象を数種の高価な可動物件に限定したことが挙げられる。本プロジェクトでは初期の段階ですでに、準備されるべき条約草案の対象を、常時国境を越えて移動する高価な物件に限定していた[48]。その理由は、議論の余地のない国際的課題に対象を限定することで、国家法への過度の干渉を根拠とする潜在的な反対を最小限にとどめることにあったとされる[49]。また、前述の二元構造についても、その提案理由の1つとして、あらゆる物件を包括的にではなくむしろ物件単位で、国家に対

47）この意味での航空機ファイナンスの効率性の向上は、途上国の航空会社により大きな利益をもたらす（Saunders and Walter 1998, *supra* note 4, p. 346）。したがって、ここで条約を批准する国として、主に途上国を想定することができる。

48）Martin Stanford, "From Ottawa to Cape Town: UNIDROIT's Role in the Modernisation of the Law Governing Leasing and the Taking of Security," In: Iwan Davies (Ed.), *Security Interests in Mobile Equipment* 397, p. 400 (2002).

49）Stanford 2002, *supra* note 48, p. 400. その後、二元構造が提案されるまでAWGは対象物件を限定列挙すべき旨の主張を行うが、その背景にも客観的範囲が締約国数を左右するとの認識があった（UNIDROIT 1995 Study LXXII-Doc. 16 p. 3）。

して条約の採択および批准の機会を提供できることが挙げられていた。[50]このように対象物件が絞り込まれた背景には、国家の機嫌を損ねないようにする意図もあった。

2　宣言システム

国家の支持を引き出すための第2の方策は、「宣言システム」を導入したことである。これにより、締約国自身が予め自国での資金提供者の担保権の保護の程度を調整することが可能となる。締約国は宣言システムに基づいて、例えば担保権者の実行方法としてリースによる収益執行を認めるか[51]、私的実行を認めるか[52]、暫定的救済制度を採用するか[53]（採用する場合には申立てから発動までの期間を指定するか[54]、指定するならば何営業日以内と設定するか[55]）、IDERA 記録制度を導入するか[56]、債務者の倒産時における国際担保権の効力について第 XI 条を利用するか（利用する場合には倒産手続の種類に応じて同条の選択肢 A と B をどのように使い分けるか[57]）を決定できる。締約国は航空会社のデフォルト時に、自身が事前に行った宣言に従って資金提供者が救済を受けられるようにすることを義務付けられる。謂わばこのようなオプションの選択は締約国にとって、条約の批准に次ぐ第2の政策決定となる。[58]

宣言システムの導入は必然的に、条約上の義務が締約国ごとに異なるという

50）UNIDROIT 1996 Study LXXII-Doc. 32 p. 2.

51）ケープタウン条約第54条1項。

52）ケープタウン条約第54条2項。

53）ケープタウン条約第55条。

54）航空機議定書第 XXX 条2項。

55）航空機議定書第 X 条2項。

56）航空機議定書第 XXX 条1項。

57）航空機議定書第 XXX 条3項。

58）Jeffrey Wool, "Rethinking the Notion of Uniformity in the Drafting of International Commercial Law: a Preliminary Proposal for the Development of a Policy-based Unification Model," [1997] *Uniform Law Review* 46, p. 51. また Goode 2005 は、統一私法条約が標準契約条項の写本であってはならず、取引法である以上、諸利益のバランスに配慮しなければならないと述べた上で、これを達成する手段として宣言システムに期待を寄せる（*supra* note 27, p. 560）。このように宣言システムの下でのオプションの選択は、締約国がケープタウン条約を「法」に転換する作業である。

帰結をもたらす。しかし、宣言システムに基づく選択肢は、留保条項とは異なり、条約の中核部分と論理的一貫性を損なうことがないよう綿密に設計されている。例えば条約第50条1項に基づいて、締約国は条約を国内取引には適用しない旨を宣言できる。条約上「国内取引」とは、契約締結時に取引当事者全員の主な利益の中心と対象物件が同一締約国に所在し、かつ、その取引により成立する権利が同国の国内登録簿に登録されているものをいう[59]。しかし、この宣言は実際にはそれほど重要性を持たない。その理由は同2項において、たとえこの宣言がなされたとしても、条約が定める登録や順位に関する諸条項は国内取引へも適用されることが確認されているからである[60]。この第50条の構造にはある法政策が顕著に現れている。それは、公示・対抗・順位規定についてはその国際的な統一性を損なう理由は何ら認められないが、救済規定については不統一性を肯定するに足る立法的事由がありうるということである。それでは、本条約の救済規定に設けられた多数の選択肢はどのような理由から正当化できるのであろうか？

このようなオプションの正当化は、担保権実行の土着性の観点から可能であると思われる。超国家的な執行制度が存在しないため、資金提供者は債務者が私的実行に協力的でなければ現地の裁判所に救済を求めるしかない。この場合に資金提供者が利用できる救済手段は、法廷地によって様々である。その理由は、救済規定がその国の関係諸法制との関係において機能するよう設計されているからである。この点を考慮するならば、救済規定に関する予測可能性の源泉を国際的な統一性に求めることは必ずしも妥当でなく、むしろ締約国ごとの現地の法環境との適合性に求めるべきであろう[61]。条約において救済規定の統一を目指すならば、そのような規定は上手く締約国に根付かないばかりか、それまで有効に機能していた締約国の執行制度を機能不全に陥らせる危険さえある[62]。宣言システムは、オプションの選択を通してそれぞれの締約国自身に、既

59）ケープタウン条約第1条n号。

60）ケープタウン条約第50条2項。

61）Pistor 2002, *supra* note 7, p. 98.

62）Pistor 2002, *supra* note 7, p. 98. また、Daniel Berkowitz, Katharina Pistor and Jean-Francois Richard, "The Transplant Effect," 51 *American Journal of Comparative Law* 163↗

存の国内法制との関係で外生的規範が機能するよう調整させ、またはそれらが機能するための国内法制度改革の必要性を認識させる。

宣言システムはまた、担保権実行の土着性に起因する別の問題も克服するであろう。資産をベースとするファイナンス取引において、デフォルト時に利用できる救済手段に関する情報は資金提供者が事前に取引に伴う法的リスクを算定する上で重要となる。しかし、担保目的物が容易に国境を越えて移動する航空機の場合、資金提供者はある救済手段の利用可否を、関係国すべてについて現地の法制度との関係において現地の言語で調査しなければならないため、情報の獲得に多大な費用を要する。つまり、情報は世界中に散逸しており、取引当事者は自費でその収集にあたらねばならない。このような費用は特に、外国の資金提供者を当てにせざるをえない途上国の航空会社の資金調達において、深刻化すると考えられる。その理由は、この場合には資金提供者と航空会社の所在地が異なるため、情報の非対称性が大きくなるからである。それに対して、宣言システムの下では各締約国の宣言内容を調査すればよく、**第１章**-Ⅳ-２で述べたように誰もがインターネットで英語により無料でこの種の情報にアクセスできる仕組みが整備されている。

なお、**第１章**-Ⅳ-３-(1)で詳述したようにケープタウン条約割引制度においては、締約国が資金提供者の担保権を強化する所定のオプション一式を選択することが割引適格国として認定を受けるための条件となっている。これにより、締約国間での救済規定の不統一はある程度改善されている。

以上のような理由により、ケープタウン条約・航空機議定書の救済規定に見られる不統一性は是認されよう。担保権実行の土着性を考慮するならば、産業界にとって予測可能性の主な源泉は、救済規定の統一性にはなくむしろその透明性にある。また、国家にとってもこの土着性ゆえに、統一的な救済規定より

↘(2003a)（齋藤彰＝佐藤育己訳「法制度の移植作用」神戸法学雑誌59巻１号114頁以下（2009））も参照。この論文は、ある国に移植される法の内容よりも移植される過程の方が、その国のリーガリティに決定的な影響を与えており、ひいてはその国の経済発展に繋がっていることを、計量経済学を用いて論証する。さらにこのような仮定に基づいて、ある国の法改革が外生的なものである場合には、国内に移植された法を機能させるのに必要な法制度が存在しないため、そのような法改革はその国の社会経済に容易には根付かないことが示唆されている（*Id.*, p. 189）。

も一定の範囲で締約国が自国の環境に適応させることが可能な柔軟な救済規定の方が望ましいと考えられる。宣言システムは、条約・議定書の救済規定について、透明性と柔軟性の絶妙なバランスを提供する。

3　モデルに基づく考察

このように上記2つの方策はいずれも、ケープタウン条約が広く国家の支持を獲得する上で重要な役割を果たしている。モデルに則してその効果を説明すると以下のようになる。まず、条約の適用対象を数種の高価な可動物件に限定し、かつ二元構造を採用したことにより、潜在的締約国に対して物件単位での条約・議定書への批准の機会が提供されることになった。このことは潜在的締約国に対して、2つの法政策の対立軸を鮮明に打ち出し、その上で二者択一を迫る効果があると思われる。1つ目の法政策は、条約・議定書を批准することにより、国内の航空会社による航空機の取得と利用のために事前のファイナンスを促進するというものである。2つ目の法政策は、国内の法執行機関の裁量を維持することにより、これまで通り事後的に外国の資金提供者の利益を調整するというものである。つまり、ルール的な条約に批准するか否かの閾値 $\hat{y}$（仮定により、その内容は国内航空会社の利益）を、潜在的締約国に明確に意識させる効果があると言える[63]。

さらに宣言システムの導入は、条約の核心部分と論理的一貫性が損なわれない限りにおいて、重要事項に関する意思決定を各締約国に委ねることを可能にした。これにより、ルール的な条約を批准しないことによる各国の利得 W^S、すなわちルール的な条約を批准することによる機会費用 y は、限定的になる方向に働くと考えられる。このことはモデルでは、y の分布が当初よりも全体的に右に歪んだ形に変化することによって表される（**図表3－4**）。この図では当初の分布を点線で、新しい分布を実線で表している。y の分布がこのように変

63）さらに、第2章Ⅳ－1－(2)で述べたように、本条約は適用要件として国際性要件を欠く。換言すると本条約は、有効に機能する上で締約国間のネットワークを必要とする訳ではない。つまり、本条約において私法統一は、一義的には手段でも目的でもない。このことから本条約への批准は、自国の借手が資金調達しやすくなることへの政策的賛意としての意味合いがストレートになる。この点も、潜在的締約国に対する閾値 $\hat{y}$ の意識付けに一役買っていると考えられる。

化した場合（全体的に利得yが減少傾向にある場合）、たとえルール的な条約を受け入れるかどうかの基準値$\hat{y}$が変化しなくても条約を批准する国の割合が増加することがこの図から分かる。対象物件の限定と宣言システムの導入は、潜在的締約国のルール的な条約についての選好を変更させ、同条約をより受け入れやすいものにしていると考えられる。換言するとこの２つの方策には、潜在的締約国のために条約の参加制約を緩める効果があると結論付けられる。

図表３－４　諸方策が潜在的締約国に与える効果

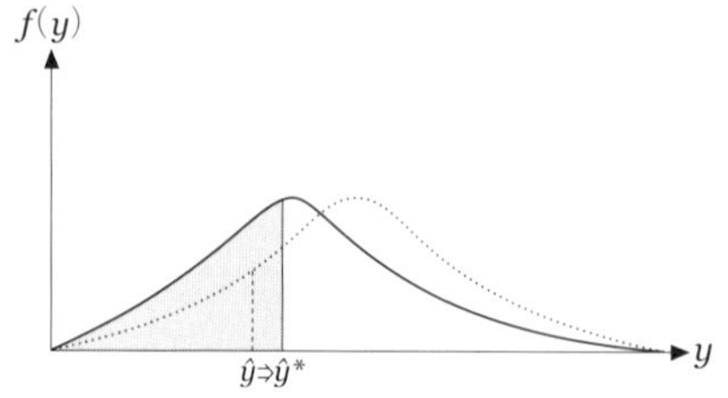

Ｖ　結　語

この章では、ケープタウン条約がなぜ成功しているかを考察した。ここでの「成功」という語には２つの意味が含まれる。第１は、高額可動物件に関する資産担保金融の効率的な方法での促進を期待できるほどの予測可能性を産業界に提供していることである。第２は、締約国数を順調に伸ばしていることである。しかし、過去の経験によれば、条約起草機関が予測可能性を創出すべくルール的な条約の制定を目指す場合に産業界と国家との利害の衝突を解消することは必ずしも容易なことではなかった。ケープタウン条約の起草者達は様々なユニークな方策を考案し、この問題を克服した。

統一私法条約には、国家の枠組みを超えた政策を実現する潜在性がある。こうした政策実現のために予測可能性の創出が必要条件とされ、そのため「スタンダード」ではなく「ルール」的な条約の作成が要求される場合に、ケープタウン条約の起草過程から学ぶべきことは多い。まず、起草者が関係するアクターの選好を理解し、条約制定に向けてそれぞれに期待される役割を決定することが重要である。ケープタウン条約においては、起草初期にAWGが創設され、受益者を統一担保制度の設計に深く関与させた。次に、起草者は各アクターが期待される役割を全うできるよう起草過程を適切に秩序付けなければならない。ケープタウン条約においては、二元構造や宣言システムといった法構造がそのような秩序をもたらし、受益者による議定書の起草を後押ししている。また、事後的に条約の文言に内容を付与する権能を、政策実現の観点から最適なアクターが掌握できるよう、適切な措置を講じる必要がある。ケープタウン条約においては、一般条項の排除により、締約国の裁判所による条約解釈の余地を狭めることが試みられている。

そして最後に、多くの国に条約を受け入れてもらうための方策を考案することが重要である。ケープタウン条約では規律の対象となる物件を限定し、かつ宣言システムを導入することによって、この点への配慮が図られた。多国間条約という法形式により世界的規模での政策実現を目指すには、多くの国の協力を引き出すことが前提となることを忘れてはならない。

第4章

自律的メタ秩序による信用創出のダイナミックス[1]

Ⅰ　導　入

後発者がコミュニティ内で信用を築こうとしても、そう上手くはいかない。航空業界においては発展途上国の航空会社が、そうした後発者になる傾向がある。航空会社は、新鋭の航空機の購入やリースのために、国内外の資金提供者から巨額の外部資金を調達する必要がある。ところが途上国によっては、先端のファイナンス取引の基盤となる一連の法規を欠くだけではなく、司法手続の非効率や関係当局の機会主義といった問題も抱えている。このような場合には、たとえ国内法がデフォルト発生局面での担保権者の十分な保護を約束しているとしても、途上国が外国の資金提供者の間に信用を形成することは非常に困難になる。こうした国の航空会社は外部ファイナンスにあたり、資金提供者に対して航空機を信頼性の高い担保物として提供することができない。その理由は、担保がデフォルト発生時に必ずしも法と契約に従って強制されるわけではないことを、資金提供者が予期していることによる。そのため航空会社による資金調達は上手くいかず、結果として信用割当が生じる。このような状況を回避するには、資金提供者が合法的に航空機の占有を回復できるよう、航空会社所在地（ホスト国）の法執行機関が迅速かつ効果的に法と契約を強制しなければならない。そうすればファイナンスに伴うリスク・プレミアムが減少し、両取引当事者にとって有益となる。

1）この章の主な主張は、Yoshinobu Zasu and Ikumi Sato, “Providing Credibility around the World: Effective Devices of the Cape Town Convention,” 33(3) *European Journal of Law and Economics* 577（2012）の成果に大きく依拠している。本章は、共著者の同意を得た上で、筆者が本書のために加筆修正したものである。

しかし、実際には、ある国が独力で法の支配に関する対外的な信頼を向上させることは容易なことではない。事前の段階（資金提供前の時点）では、ホスト国は投融資促進の観点から、資金提供者の法的保護を改善する旨を発表するかもしれない。それに対して事後の段階（資金提供後の時点）では、ホスト国が外国の資金提供者よりも自国の利害関係人を贔屓するようであれば、資金提供者の保護が引き下げられる事態も起こりうる。つまり、資金提供者の保護について、事後の段階が事前の段階を下回る可能性がある。これは経済学の用語で「時間非整合性」と呼ばれる問題である。つまり時間非整合性の発生を前提とするならば、資金提供者は、書物上の法における資金提供者の保護が高い水準にあることを事前の段階で確認したとしても、事後の結果を予期して信用を供与しないだろう。時間非整合性が深刻になれば、それだけ信用割当も深刻になる。この章では、ケープタウン条約・航空機議定書が時間非整合性の問題にどのようなアプローチで取り組んでいるのかを明らかにする。

読者の中には、この問題の解決に必ずしも多国間条約は必要ないのではないかと考える者もいよう。なるほど、ホスト国による国内法制度改革を通して同国の評判が改善するならば、時間非整合性の問題は解決しそうである。Guzman 2008が指摘するように、確かに国際法の領域において評判メカニズムを検討する意義は大きい[2]。しかし、評判メカニズムに期待される機能は、この文脈では限定的なものにとどまる。2つの理由が考えられる。第1に、良い評判を形成するための努力と、評判から生まれる果実の享受との間にはタイムラグが存在することが挙げられる。良い評判を有していない国は、評判から生まれる果実を味わうために、評判を改善するための努力を継続して行う必要がある。しかも、その果実をいつ収穫できるのか分からない。この結果、多くの国が評判改善の努力を途中で断念することになる。要するに、評判の形成には多くの時間と費用がかかるのである。第2に、外国における法の実施状況をモニターし、適切に評価することが法律家にさえ困難なことが挙げられる。例えばコモンローの法律家は、フランスの裁判所が出したある判決について、フラン

2） Andrew T. Guzman, *How International Law Works: A Rational Choice Theory* 71 (2008).

ス法体系の中での位置付けを誤るおそれがある。その結果、たとえフランスの裁判所が自国の法律と先例に従ってその判決を出した場合であっても、コモンローの法律家は当該判決に関して裁判所の機会主義を疑うかもしれない。要するに、世界的規模で私法の統一が達成されていない現状では、モニタリングに莫大な費用を要し、このことが途上国による国際的な金融市場での評判形成を困難にしていると言える。この２つの理由のために、国内法制度改革を通した評判の醸成には限界があると言わざるをえない。

これに対してケープタウン条約の下では、後で示すように時間非整合性の問題は緩和される。すなわち、締約国はケープタウン条約への批准によって直ちに信用を獲得し、果実を享受しうる。国家は評判形成のために時間をかけなくてよい。同条約への批准は、評判形成のための努力と評判から生まれる果実の享受の間のタイムラグを縮小させる。加えて、ケープタウン条約は締約国に対して統一実質法を提供する。締約国が増えるに従い、外国での法の実施状況を評価するための費用を低減できる。したがって多国間条約は、評判メカニズムの単なる代替物ではなく、より優れたメカニズムであると言える。この章では、国際的な金融市場において高く評価されているケープタウン条約の信用供与メカニズムについて考察する。

このように統一私法条約は、時間非整合性の問題に対して１つの解決策を提示しうる。しかし、条約をはじめとする国際法も、国内法制度改革と同様の問題に直面する。つまり、超国家的な執行制度が存在しないため、条約の強制も現地の法執行機関を通してしか実現されない。このような構造の下で、締約国が法の強制を怠った場合に制裁を課し、それによって法の実現を達成するような仕組みは皆無に近いと言われる[3)]。つまり条約の強制力も、締約国の法執行機関の質に大きく依存することになる。その質は国によって様々であり、締約国が条約を遵守するインセンティブは必ずしも十分に高いわけではない。したがって、国際法や条約を分析するにあたり、そうした国家のインセンティブに

3） Alan O. Sykes, "International Law," In: A. Mitchell Polinsky and Steven Shavell (Eds.), *Handbook of Law and Economics* (vol. 1) 757 (2007) および Guzman 2008, *supra* note 2を参照。

目を向けることが重要なのである。

La Porta et al. 1997, 1998に始まり[4]、ここ10年の間に、法がファイナンスに多大な影響を与えうることが多くの文献によって明らかにされた。Bebchuk and Guzman 1999は、倒産法における属地主義と普遍主義との比較を通して、属地主義を採る国では投資に歪みがあることを確認した[5]。Jappelli et al. 2005は、イタリアの裁判所に関するデータを使って、担保権実行をめぐる司法手続の効率の改善が貸付けの水準を引き上げ、信用割当を緩和させることを示唆した[6]。Desai et al. 2004は、外部ファイナンスが高い税率や債権者保護の弱さまたは金融市場の未発達等の理由で費用を伴う場合には、米国の多国籍企業の海外支社が親会社からの内部資金調達を選択する傾向があることを発見した[7]。これらの研究は、司法手続の非効率がコーポレート・ファイナンスに一定の影響を与え、外部ファイナンスが投資家や貸手の保護が弱い国に所在する企業にとって高くつくものであることを示している。このように司法手続の非効率は、外部ファイナンスを検討する上で重要な論点となる。この章では、ホスト国での航空機を目的とする担保権の実行に伴う司法手続の非効率に注目する[8]。

国家が担保権の実行局面を規律する多国間条約を批准しない場合、あるいは単にそうした条約が存在しない場合には、その局面は国内法によって規律されることになる。国家がその局面で恣意的に権力を行使するおそれがあるのは、特に外国の資金提供者が関与している場合である。**図表4-1**は、航空機担保

4） Rafael La Porta, Florencio Lopez-de-Silanes, Andrei Shleifer and Robert W. Vishny, "Legal Determinants of External Finance," 52(3) *Journal of Finance* 1131 (1997) および Rafael La Porta, Florencio Lopez-de-Silanes, Andrei Shleifer and Robert W. Vishny, "Law and Finance," 106(6) *Journal of Political Economy* 1113 (1998) を参照。

5） Lucian A. Bebchuk and Andrew T. Guzman, "An Economic Analysis of Transnational Bankruptcies," 42 *Journal of Law and Economics* 775 (1999).

6） Tullio Jappelli, Marco Pagano and Magda Bianco, "Courts and Banks: Effects of Judicial Enforcement on Credit Markets," 37(2) *Journal of Money, Credit, and Banking* 223 (2005).

7） Mihir A. Desai, C. Fritz Foley and James R. Hines Jr., "A Multinational Perspective on Capital Structure Choice and Internal Capital Markets," 59(6) *Journal of Finance* 2451 (2004).

8） 外部ファイナンスと航空機担保権の議論をシンプルにするために、Zasu and Sato 2012, *supra* note 1では、Jean Tirole, *The Theory of Corporate Finance* (2006) における標準的なコーポレート・ファイナンスのモデルを使用した。

図表４－１　ある国における航空機担保権の実行プロセス

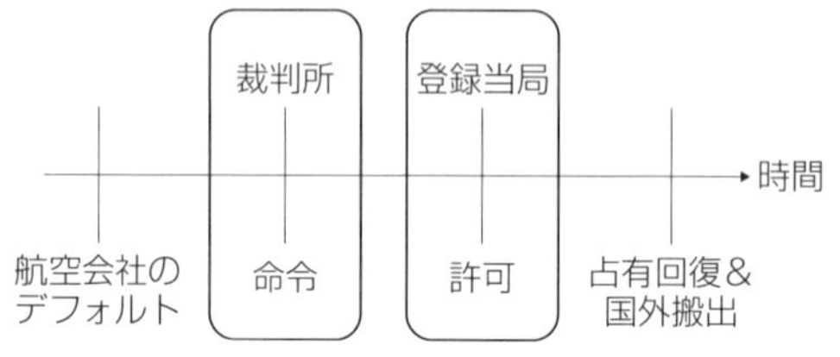

権の典型的な実行過程を表したものである。ここでは、航空会社が航空機の購入資金を借入れるにあたり、外国の資金提供者のために当該航空機に担保権を設定するとしよう。航空会社がデフォルトを起した場合に、資金提供者はまず裁判所に行って、担保権実行に必要な命令を取得する必要がある。その後、資金提供者は国籍登録当局に行って、当該航空機について国籍を抹消してもらわなければならない。こうして資金提供者は航空機の占有を回復し、それを国外に搬出することができる。つまり、この実行過程に登場する２つの法執行機関—裁判所と登録当局—について、手続の非効率や機会主義といった危険が伴うことを指摘できる。たとえこの国の法が円滑な担保権の実行を保障する内容であるとしても、必ずしもこの法が有効に運用されるとは限らない。このような担保権の実行過程を前提とするならば、現地の法執行機関から機会主義のリスクが払拭されることはない。

この章の関心はまた、現地の法執行機関が外生的な法を適切に運用できるのかという議論にも及ぶ。近年の研究は、外国法を単に移植するだけでは、その法は必ずしも政策決定者が期待するほど有効に機能するわけではないことを示唆している。継受国の社会状況と法が移植される過程が、法内容と同程度の重要性を持つ。Berkowitz et al. 2003a, 2003b は、外国法が現地の社会的・法的環境に適応されるのでなければ、あるいは現地の人々がその法に親しみを持っているのでなければ、継受国は法移植の副作用（transplant effect）に苦しみ、法は期待される効果を発揮しないことを明らかにした[9)]。この結論は、移植され

9）Daniel Berkowitz, Katharina Pistor and Jean-Francois Richard, "The Transplant Effect," 51 *American Journal of Comparative Law* 163（2003a）（齋藤彰＝佐藤育己訳「法制度の移植作用」神戸法学雑誌59巻１号114頁以下（2009））および Daniel Berkowitz, Katharina Pistor and Jean-Francois Richard, "Economic Development, Legality, and the Transplant Effect," 47 *European Economic Review* 165（2003b）を参照。

る法をどのように自国の実情に適応させるのかについて、政策決定者が検討を重ねることの重要性を示している。この議論は、条約が締約国に導入される場合にも妥当する。政策決定者は、条約が自国の法システムを損なわないか、また条約が自国にとって有益であるかを検討するだろう。潜在的締約国がケープタウン条約を受け入れるかを分析するにあたり、この点を踏まえて議論を展開する。

この章では、ケープタウン条約に組み込まれた時間非整合性の問題を克服するための制度について考察し、同条約がどのようにして新興国や途上国を信頼に足る存在に変えようとしているのかを探求する。ここで示される政策的含意は、同条約のケース・スタディを超えて、国際法領域における強制と適応の分析に新たな視点を供するものとなろう。このように多国間条約は、債権者の権利に関するある国の政策を、投資家や貸手にとって信頼できるものに変えるための制度であると考えることができる。しかし、批准によって、その国が自動で信頼できる存在になるわけではない。言うまでもなく、締約国の信頼性は、その条約が創出する制度の信頼性に大きく依拠する。ケープタウン条約には、締約国の信頼性を改善するユニークで効果的な制度が存在する。ここでは、この制度を「ホワイトリスト・システム」と呼ぶ。この制度を通して、締約国による条約違反が世界中の潜在的な資金提供者に明らかにされる。この制度は、締約国に対する事後的制約として機能すると考えられる。また同条約には、事前に国家を引き寄せる機能をもった制度が組み込まれている。これは「宣言システム」と呼ばれており、これを通して、締約国は所定のオプションの中から自国における担保権の実行方法を選択することができる。この制度には、同条約への参加制約を緩和する機能がある。

この章の構成は以下の通りである。Ⅱでは、ケープタウン条約を取り巻く法的・政治的環境について簡単に説明する。Ⅲでは、政策決定者が引き起こす時間非整合性の問題を、コーポレート・ファイナンスに関する標準的なモデルを使って分析する。Ⅳでは、ケープタウン条約がどのようにして締約国を信頼できる存在に変え、産業界にリスク・プレミアムの減少をもたらしているのかを考察する。加えて、同条約への参加制約を緩和する仕組みについても説明する。Ⅴでは、分析を通して得られた結論をまとめる。

Ⅱ　航空機ファイナンスをめぐる法的・政治的課題とケープタウン条約

この節では、航空機ファイナンスをめぐる代表的な法的・政治的課題を３つ取り上げる。加えて、これらの問題に関するケープタウン条約の取り組みや興味深い動向を紹介し、同条約の下での解決の見通しについて簡単に検討する。

1　法の多様性

航空機は容易に国境を越えて移動するため、航空機ファイナンスでは複数の法システムが抵触する可能性がある。これにより取引当事者は、取引の法的側面を評価する上で多大な費用負担を強いられる。つまり資金提供者は、関係するすべての法システムについて、現地の言語で法内容を調査する必要がある。換言すると、法に関する情報が世界中に散逸しており、取引当事者は自らの費用でその収集にあたらなければならない。このような情報取得費用は、途上国の航空会社が資金調達を行う場合に特に深刻であると考えられる。その理由は、途上国の金融市場は資金が不足しがちなため、途上国の航空会社には事実上、外国人による資金供与をあてにするしか選択肢が残されていないことによる。

ケープタウン条約は、この問題をかなり改善するであろう。同条約が航空機のために提供する担保制度は債権者の利益を表象する独自の法概念である国際担保権を中核として構成され、国際担保権の成立、効力、順位、譲渡、消滅、実行等が締約国に共通するルールに従って決定される。さらに、国際担保権の公示のために締約国間で単一の登録簿が共有されることになる。こうした統一担保制度は、締約国の増加とともに領分を拡張する。これにより、同条約を通して契約当事者は、取引費用の低減と規模の経済性を享受できることになる[10)]。

2　法の内容

ある財に一定の経済価値が認められるとしても、資金提供者がその財を担保物として高く評価するとは限らない。担保は、一連のフォーマルな法的制約の中で、有効性と強制力を認められるに過ぎない。La Porta et al. 1997, 1998が明らかにしたように、フォーマルな法の内容はある国での債権者保護の水準を定量化する上で信頼できる指標となりうる。[11)] この考えに基づきSaunders et al. 1999は、ケープタウン条約の多岐にわたる経済効果の特定と定量化を、同条約に体現された3つの原則に従って試みている。その原則とは、①権利関係の透明性、②権利実行の迅速性および③倒産時の実行可能性である。[12)] しかし、読者の中には、こうした議論に異議を唱える者もいよう。つまり、たとえ同条約が航空機ファイナンスを促進する一連の優れた規定を含んでいるとしても、締約国の法執行者がそうした規定の意味を起草者が意図した通りに認識するとは限らないのではないか？[13)] 条約は締約国にとって外生的な法に当たる。[14)] そのため各締約国は、多かれ少なかれ国内で条約の内容を正確に実現するための運用費用を負担しなければならない。

---

10)　Katharina Pistor, "The Standardization of Law and Its Effect on Developing Economies," 50 *American Journal of Comparative Law* 97, pp. 97-98 (2002).

11)　La Porta et al. 1998は債権者保護の変数として、「会社更生手続において資産が保全されないこと」、「担保権者が優先弁済を受けること」、「会社更生を申請する際に債権者の同意を要すること」、「会社更生に際し経営陣が留任しないこと」および「法定準備金の資本比率」の5つに注目する。そして、コモンロー諸国（英国、アメリカ合衆国、シンガポール等）は大陸法諸国に比べ、資金提供者に対する法的保護が強いことを明らかにした。なかでもフランス法諸国（フランス、アルゼンチン、ベルギー等）は、保護の程度が最も低い（以上、La Porta et al. 1998, *supra* note 4, p. 1113を参照）。このことから、コモンロー諸国では外部ファイナンスが相対的に容易であるのに対し、フランス法諸国では困難であると考えられる。そして、この点における法内容の相違が各国の資本市場の規模と範囲に影響を与えていることを示唆する（La Porta et al. 1997, *supra* note 4, p. 1131）。

12)　Anthony Saunders, Anand Srinivasan, Ingo Walter and Jeffrey Wool, "The Economic Implications of International Secured Transactions Law Reform: A Case Study," 20(2) *University of Pennsylvania Journal of International Economic Law* 309, p. 317 (1999).

13)　この問題意識は、Pistor 2002, *supra* note 10, p. 110に負うところが大きい。

14)　起草者によれば、本条約は特に北米法システムの影響を強く受けているとされる。例えば、Ronald Cuming, "The Characterisation of Interests and Transactions under the Convention of International Interests in Mobile Equipment, 2001," In: Iwan Davies (Ed.), *Security Interests in Mobile Equipment* 377, p. 383 (2002) を参照。

第**3**章-Ⅲ-3で述べたように、こうした運用費用の低減は、ケープタウン条約・航空機議定書のオフィシャル・コメンタリーによって効果的に達成されると考えられる。このお陰で、運用費用をかけずに、同条約の内容を完備されたもの（complete law）に近づけることができる。オフィシャル・コメンタリーは、締約国に信用を供与するためのパッケージの一部を成すと言える。

3　機会主義リスク

フォーマルな法の内容がどのようなものであれ、航空機担保権の円滑な実行のためには、多かれ少なかれ現地の裁判所や関係当局の協力が必要となろう。このことは、デフォルト発生時に資金提供者によって回収可能な航空機の価値が、フォーマルな法の内容だけでなく、その強制を担う現地の諸機関の能力にも左右されうることを意味する。現地の法執行機関はしばしば、資金提供者による航空機の占有回復、国外搬出および国籍抹消に際して、当事者の合意がある場合でさえ非協力的な態度を採ることがあった[15)]。このような事態は、特に航空会社所在地において悪化する傾向がある。この章では、このようなリスクを、現地の法執行機関に付随する機会主義リスクと呼ぶ[16)]。

ケープタウン条約の誕生以前には、このリスクに対応するために2つの方法が開発されていた。第1は、航空会社への融資条件として、航空機の国際路線への配属を取り決めることである。これにより、航空会社所在地以外での航空機の占有回復の機会が増加し、相対的に機会主義に煩わされずに済む。しかし、この方法には、潜在的に極めて収益性の高い国内路線でさえ開発されえな

15）航空会社所在地のこうしたリスクについては、いずれも航空機占有回復保険でカバーされうる。このようなリスクについては、David Maule, "Aircraft Repossession Insurance," In: Andrew Littlejohns and Stephen McGairl（Eds.）, *Aircraft Financing*（3rd ed.）328, p. 329（1998）を参照。

16）機会主義リスクは一種の政治リスクである。国際投資の分野では、政治リスクは次のように定義される。すなわち、「政治リスクとは、ホスト政府の作為または不作為によって、期待収益の実現を目指す投資家の能力が損なわれる可能性を言う。政治リスクは通常、ホスト国が直接または間接に投資家の財産権の全部または一部を没収、侵害または破壊することを意味する」、と（Noah Rubins and N. Stephan Kinsella, *International Investment, Political Risk and Dispute Resolution: A Practitioner's Guide* 3（2005））。

いという致命的な欠陥を有することが指摘されている[17]。第2は、航空機占有回復保険や輸出信用保証の利用である。航空機占有回復保険がLloyd'sにおいて提供されるのに対して、輸出信用保証は自国の製品およびサービスの輸出の振興を目的として輸出信用機関によって提供されている。しかし、こうした保険と保証については、プレミアムが極めて高額になるため効率的な方法での取引促進の足枷となってきただけでなく[18]、数多くの免責条項の存在も問題点として指摘されている[19]。したがって、いずれの方法とも、現地の法執行機関の機会主義的行動に対する有効な解決策とはならなかったと結論付けられる。

こうした機会主義の存在のために、読者の中にはケープタウン条約の意義を疑う者もいよう。つまり、航空会社がデフォルトを起した場合に、締約国が常に条約内容に従って、外国の資金提供者が有する国際担保権を保護するとは限らないのではないか？　なるほどこの問題は、いかに条約の内容が優れていようとも制御しえない次元に属する。それにもかかわらず、**第1章**Ⅳ-3で言及したように、輸出信用保証をめぐり興味深い動向が確認される。そこで鍵となる1つの問いが生まれる。すなわち、何が輸出信用保証の割引制度を現実のものにしているのだろうか？　以下では、この問いに対する答えを探求する。

Ⅲ　基本モデル

この節では、ホスト国の事前と事後の政策の相違に着目してシンプルなゲーム・モデルを設定し、こうした機会主義リスクの分析を試みる。多国間条約が存在しない場合のモデルを設定し、資金提供者に対して信用を形成できない国々について問題の所在を明らかにする。モデルの設定にあたり、担保権を考慮に入れるとともに、現地における司法手続の非効率や法執行機関の機会主義

17）　この方法とその問題点については、Richard Bouma, "Financing National Airlines in Developing Countries," In: Andrew Littlejohns and Stephen McGairl (Eds.), *Aircraft Financing* (3rd ed.) 214, p. 218 (1998) を参照。

18）　Bouma 1998, *supra* note 17, pp. 217-218.

19）　Andrew Littlejohns, "Legal Issues in Aircraft Finance," In: Andrew Littlejohns and Stephen McGairl (Eds.), *Aircraft Financing* (3rd ed.) 281, pp. 286-287 (1998).

リスクにも配慮する。はじめに融資契約を分析し、その後に国家による資金提供者の保護について考察する。[20]

1　融資契約

ここでは、航空会社と資金提供者の間で締結される融資契約と、現地の司法手続の非効率や法執行機関の機会主義リスクが当該契約に与える影響を考察する。[21] モデルにおける航空会社と資金提供者は共にリスク中立的であり、航空会社は事業を始めるにあたり資金提供者からIを調達する。資金提供者は、事業の成否を確認できるが、事業の良し悪しを確認できない。良い事業は悪い事業に比べて、成功の確率が高く、失敗の確率が低いことを意味する。事業が成功すればR^sを、失敗すればR^fを生み出す。

非効率な担保権実行に焦点を合わせるために、事業が成功した場合の航空会社から資金提供者への返済tは、円滑になされるとする。しかし、事業が失敗した場合には、航空会社は自身や他の利害関係人の利益のために担保目的物を手放すまいと資金提供者の請求に抵抗を示すかもしれない。その結果、担保権の優先弁済機能は限定されるだろう。契約は確率ηで強制され、確率$1-\eta$で強制されない。このパラメータηが、司法手続の効率性の指標となると解することができる。これは２つのことを示している。まずηは、契約が裁判所によって強制される確率を示している。またηは、司法手続を経ることで発生する損失（手続の長期化、高額な費用、法執行機関による干渉等）を表す割引要因で

20）　Zasu and Sato 2012, *supra* note 1では、モデルとして単発ゲームの枠組みを採用している。国際法を対象とする法と経済学の研究では通常、評判メカニズムの分析にあたり、繰り返しゲームが利用される傾向にある。ただ、繰り返しゲームの枠組みでは、プレイヤーが適切な戦略を選択するならば、当初から均衡において評判を獲得することが可能となる。しかし現実には、「導入」で述べたように、評判の構築には多大な費用と時間を要するため、途上国の多くが信用の欠如に苦しんでいる。このような問題意識をケープタウン条約の分析に投影するために、繰り返しゲームではなく、単発ゲームを応用した。

21）　Zasu and Sato 2012, *supra* note 1　では、 Jean Tirole, "Inefficient Foreign Borrowing: A Dual- and Common-Agency Perspective," 93(5) *American Economic Review* 1678 (2003) で示されたモラルハザードを伴うコーポレート・ファイナンスの標準的なモデルを応用した。そのため、この節での議論の基礎を成すモデルは、モラルハザードの原因を、事業家が費用のかかる努力を回避することにではなく、事業家が私利Bを伴う事業を選択することに求めるものである。

あると解することもできる。Ⅱで述べたように、司法手続の非効率と呼ぶ概念には、事前における法内容と、事後における法執行機関の機会主義リスクの両者が含まれる。これにより、死重的損失が発生する。[22] したがって、事業失敗時の航空会社から資金提供者への返済額は、裁判所が契約を強制しない場合に非効率な司法手続によって割り引かれた額 v を加味して表されることになる。[23]

以上の設定を前提に Zasu and Sato 2012では、契約理論に基づく標準的な融資契約を考察した。具体的には、航空会社のモラルハザードに対処する条件と資金提供者への最低限の利得を保障する条件を同時に満たすように、事業が成功した場合の航空会社から資金提供者への返済 t^* と失敗した場合の担保権 c^* を決定した。[24] ここでの関心は、司法手続の効率性のパラメーター（η, v）が返済 t^* にどのような影響を与えるのかという点にある。このようなモデルから得られる含意は、司法の効率性が改善するとリターンは減少することを示している。つまり、国家が司法手続の効率性を改善するならば担保権実行に伴うリスクが減少するため、融資契約で取り決められるリスク・プレミアムは小さくなる。

2　時間非整合性の問題

ここでは、国家の行動が先に分析した融資契約の強制にどのような影響を及ぼすのかを検討する。仮定として、国家の行動は契約の強制や担保権の実行に一定の影響を与えるものとする（$\eta(a)$）。[25] 国家の行動 a は、当該国での法の支配を改善する努力、すなわち有効な法制度の整備を示す。国家の行動 a は費用を要し、かつ投資額 I に比例する。分析単純化のため、$\gamma(a)=\gamma aI$ と仮定する。[26]

22）死重的損失は、$(1-\eta)(R^f-v)$ で表される（Zasu and Sato 2012, *supra* note 1, p. 589）。

23）具体的には、$\eta(R^f-c)+(1-\eta)v$ となる（Zasu and Sato 2012, *supra* note 1, p. 589）。

24）この部分の厳密なモデル分析については、Zasu and Sato 2012, *supra* note 1, pp. 589-590を参照せよ。

25）Zasu and Sato 2012, *supra* note 1では、$\eta(a)$ を狭義単調増加凹関数（$\eta'(a)>0$, $\eta''(a)<0$）としている（p. 590）。

26）Zasu and Sato 2012, *supra* note 1, p. 590.

図表4-2　政策と時間

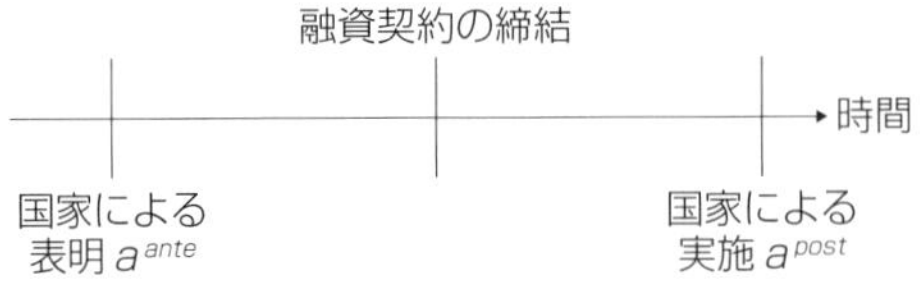

限界費用γは、国家による法制度改革の困難さの度合いを表す。γの値が大きくなればなるほど、国家が融資契約を強制することは困難になる。その理由は、労働者等の内部者の利益を損なったり、あるいは既存の国内法が障壁となったりするためである。ケープタウン条約・航空機議定書が存在する場合のγの解釈については、後で言及する。ここでは国家について、外国の資金提供者と国内の利害関係人とでは後者により便宜を与える傾向があり、国内の社会福祉を最大化することを目的とすると仮定する。国家の行動を時系列にまとめると、**図表4-2**のようになる。国家は融資がなされる前に、担保権の強制に関する政策を表明する。そして融資の完了後に、国家はその政策を実施に移す。

ここで、国家が融資前に政策を選択するとしよう。つまり、国家はまだ融資がなされていない時点で担保権の強制に関する政策を表明する。このとき、国家は自国への資金誘致のために資金提供者の保護に取り組む姿勢を打ち出すと考えられる。そこで Zasu and Sato 2012では、国家の事前の厚生 W^{ante} について、航空会社の利得 U_b^{ante} から国家の行動に要する費用 $\gamma(a)$ を差し引いた値と等しくなり、かつ国内債権者の割合 α によって影響を受けるように設定した[27]。国家は、事前の厚生 W^{ante} を最大にするように事前の政策 a^{ante} を決定する[28]。この事前の国内政策の分析から得られる含意は、以下の通りである。事前の政策 a^{ante} は、司法手続の非効率のパラメータ v や政策の限界費用γが小さくなるにつれて、大きくなる。このことは融資前の時点では、事業失敗時の資金提供者へのリターンvが大きいほど、国家の努力が事業成功時のリターンに与える影響は小さくなることを意味する。そのため、事業失敗時の資金提供者

27）具体的には、$W^{ante}=U_b^{ante}+\alpha U_l^{ante}-\gamma(a)$である。ここで$\alpha$は、0（国内債権者が含まれない場合）から1（全員が国内債権者である場合）までの値をとる（Zasu and Sato 2012, *supra* note 1, p. 591）。

28）以下の詳細なモデル分析については、Zasu and Sato 2012, *supra* note 1, pp. 591-592を参照せよ。

へのリターンが大きい国では、国家が契約の強制に向けて努力を払わなくなる。さらに、政策の限界費用が高い国では、国家が司法のコミットメントに対して努力を払わなくなる。

次に、融資が完了した事後の時点での国家の行動を考える。この段階では、融資はサンク費用になる。国家は、事後的な社会厚生（すなわち、国内の利得から政策に要する費用を差し引いた値）を最大化するように行動 a^{post} を決定する。

分析の結果、事前の政策 a^{ante} と事後の政策 a^{post} を比べることにより、事前の政策よりも事後の政策において、資金提供者の保護の程度が弱くなる（$a^{post} \leq a^{ante}$）。この理由は国家が、事前では融資を引きつけたいがために資金提供者の保護の程度を高めようと考えるが、事後では国内関係者の利害に配慮し政策を決定するからである。このように意思決定の段階でインセンティブが異なり、法執行機関は直面するインセンティブに応じて各段階で異なる行動をとる。これは経済学において「時間非整合性」の問題と呼ばれる[29)]。事前の法内容と事後の行動との不一致は、この問題と関係する。モデルでは、全員が国内債権者であれば（$\alpha=1$）、この問題は解消される（$a^{post}=a^{ante}$）。外国の債権者の割合が高くなる（α が小さくなる）につれて、この問題は悪化する（a^{post} と a^{ante} の相違が大きくなる）。つまり、時間非整合性の問題は、国内の金融市場が小さい国において深刻化する。そのような国は、事前には強い資金提供者の保護を表明するが、事後には契約の強制に向けての努力を怠る。仮に国家が事前の政策について事後における実施を確約していたとしても、実際のところ国家には事後にその政策を実施するインセンティブが欠けている。ここに国家が、自らの政策を実施できないという問題が生まれる。この結果、国家による事前の政策表明は、それが実施される可能性が低いことを予測する資金提供者にとって信頼性を欠くものとなる。

一般に途上国の金融市場は、規模が小さく、国内の資金需要に応える能力がない。このような国は海外から融資を呼び込もうとするが、その約束を信頼し

29）　Tirole 2003は、コーポレート・ファイナンスと公共投資の文脈で、時間非整合性の問題を分析する（*supra* note 21）。この節での議論の基礎を成すモデルは、Tirole 2003を応用したものである。しかし、ここでの議論の対象は、公共投資ではなく司法手続の非効率性である。

ていない資金提供者は必要な資金量を提供しようとはしない。この結果、途上国は深刻な時間非整合性の問題に直面し、信用割当に苦しむことになる。言い換えれば、そうした国々は信頼の欠如に悩まされる。このような状況下で途上国は、より多くの融資を呼び込むべく信頼の回復を切望する。次節では、この節の結論を踏まえて、ケープタウン条約がどのようにしてこうした国々に信頼を提供しているのかを考察する。

Ⅳ　ケープタウン条約の諸制度

前節で分析したように、ケープタウン条約が誕生する以前の航空機ファイナンスにおいては、国内の金融市場が小さい国は、合理的期待に基づいて融資を行う資金提供者に対して信頼を与えることができなかった。この節では、この問題に対するケープタウン条約の効果的な取り組みについて説明する。同条約の起草者は、どのような方法によって国家を信頼できる存在に変え、国家が条約を遵守するよう仕向けているのであろうか？　この節での一連の出来事は以下の通りである。まず、起草者により多国間条約が事前に準備される。次に、融資契約が締結される。そして航空会社がデフォルトを起せば、法執行機関の協力の下に航空機担保権が実行される。**図表4－3**は、これらを時系列でまとめたものである。

条約を介して締約国に信頼性を提供するにあたり、起草者が考慮すべき２つの条件がある。それは事前と事後の条件である。事前の条件は参加条件、すなわち国家が条約を批准する条件である。事後の条件は、国家が条約に違反しないようにする制約条件である。この節では、この２つの条件を逆の順序で分析する。

1　事後の制約としてのホワイトリスト・システム

ある国が条約を批准するならば、その国が条約に違反しないようなインセンティブを付与する有効な戦略が必要となる。そのような戦略は、OECDのケープタウン条約割引制度に組み込まれている。**第1章－Ⅳ－3**で述べたよう

図表4－3　条約と時間

にこの割引制度では、締約国のうち割引適格と認定された国のみが「ケープタウン・リスト」に掲載される。割引適格国が条約に違反した場合には、ASU参加国または不参加国はOECD事務局に対して当該国をリストから消去するよう提案しうる。この提案が通れば、当該国に所在する航空会社は輸出信用保証上の割引を享受できなくなる。このように、一種のホワイトリストを応用した違反国への制裁システムが用意されている。

ここで注目すべきは、そのような制裁が10のASU参加国（オーストラリア、ブラジル、カナダ、EU、日本、韓国、ニュージーランド、ノルウェー、スイスおよびアメリカ）[30]の輸出信用機関のみで実施されるわけではないことである。実際にはケープタウン・リストは、OECDのウェブサイト上で開示されている[31]。このことから、ある締約国がこのリストから消去された場合には、その情報が低い費用で世界中の潜在的な資金提供者の間で共有されることになる[32]。このことは、条約に違反した締約国に対する制裁の有用性を高めると思われる。そのような情報の共有によって団結した潜在的資金提供者からの大きな圧力は、適格国が機会主義的行動に走ることへの強力な抑止力として機能するであろう。この割引制度は条約発効の翌年、すなわち2007年7月に始動した。割引制度が速やかにスタートした背景には、ケープタウン条約起草者達の英知によるところが大きいと推測される。その理由は、主要な起草者の1人が条約起草の進捗状況を逐次、輸出信用機関に報告していたためである[33]。

30）　OECD, *Sector Understanding on Export Credits for Civil Aircraft*（TAD/ASU（2011）1）5（September 2011）［hereinafter ASU 2011/9］〈http://www.oecd.org/tad/xcred/aircraftsectorunderstandings.htm〉（visited September 3, 2015）.

31）　〈http://www.oecd.org/tad/xcred/ctc.htm〉（visited September 3, 2015）.

32）　もっとも消去に至る議論の過程について参加国には守秘義務が課されており、また議長勧告がなされる場合でもこうした情報が開示されることはない（ASU 2011/9, *supra* note 30, pp. 32-33）。公になるのは、消去されたという事実のみである。

33）　UNIDROIT 1996 Study LXXII-Doc. 23 p. 26を参照。

図表4－4　ケープタウン・リストの二時点間比較

時点A（2011年4月4日）	時点B（2014年11月15日）
アフガニスタン、アンゴラ、エチオピア、インドネシア、ケニア、マレーシア、モンゴル、ニュージーランド、ナイジェリア、オマーン、パキスタン、パナマ、セネガル、シンガポール、南アフリカ	~~アフガニスタン~~、アンゴラ、［カナダ］、エチオピア、［フィジー］、インドネシア、［カザフスタン］、ケニア、［ルクセンブルク］、マレーシア、モンゴル、ニュージーランド、ナイジェリア、［ノルウェー］、オマーン、パキスタン、パナマ、［ルワンダ］、セネガル、シンガポール、~~南アフリカ~~、［タジキスタン］、［トルコ］
15カ国	21カ国

ケープタウン条約では、締約国が条約に違反した場合の制裁について明示的に規定されているわけではない。しかしホワイトリスト・システムは、間接的にではあるが、そのような場合の制裁措置として機能すると期待できる[34]。OECDがこのシステムを適切に運用するならば、事実上、条約に違反した締約国は公式に発表されることになる。**図表4－4**は、ある2つの時点間でケープタウン・リストの掲載国（すなわち割引適格国）を比較したものである。時点Bに見られる［　］は時点Aから追加された国を、二重取消線は時点Aから消去された国を表している（ただし、実際のケープタウン・リスト上には［　］や二重取消線は存在しない）。この表から、アフガニスタンと南アフリカが消去されたことが分かる。

このようにホワイトリスト・システムの存在により、「国家が条約に違反することで得られるうまみは、罰則の期待値qSの分だけ減じられる」という事後の条件が満たされることになった（Sは締約国の条約違反が公開されることによる外生的な制裁や処罰を表し、qは制裁の確率または情報公開の確率を表す[35]）。外生的

34）こうした間接的な制裁制度の運用は、国際航空法の別の領域でも試みられている。横溝2008によると、ICAOは1999年にUniversal Safety Oversight Audit Programmeを導入し、空の安全に関する国際標準および国際推奨の加盟国による遵守について評価とウェブサイト上での情報公開を開始した。これにより、それらルールの遵守状況は大きく改善したとされる（横溝大「ソフトローの観点から見た国際航空法：国際標準と勧告方式の遵守を中心として」中山信弘編集代表『国際社会とソフトロー』282-283頁（有斐閣、2008））。なお同論文は、このような遵守状況の改善をもたらしたその他の要因として、ICAOがルール策定過程に様々な利害関係者が参画できるような枠組みを提供している点、そして空の安全というトピックが政治的色彩の薄い問題でありかつ各国共通の利益であるという主張が受け入れられやすい点を指摘する（284-286頁）。

制裁 S は、違反国の航空会社が国際的な金融市場にアクセスできないことを示している[36]。注意しなければならないのは、UNIDROIT や OECD が直接違反国に対して S を課すわけではない点である。ホワイトリスト・システムの情報開示を通して間接的に、国際的な金融市場がこれらの国への資金供与を拒絶したり、リスク・プレミアムを引き上げたりする。それによって、違反国に対する制裁と同様の効果が得られるのである。この条件のために、締約国は事後の段階で契約を強制することになる。

このような間接的な制裁が機能するためには、発見の確率 q が十分に引き上げられなければならない。上述の「国家が条約に違反することで得られるうまみは、罰則の期待値 qS の分だけ減じられる」という事後の条件は、条約によって締約国の信頼性を確保する上で最重要となる。条約がこの条件を満たす限り、それを批准する国は信頼できる存在となるだろう。重要な要素 q を内蔵したホワイトリスト・システムが条約の発効とほぼ同時期に始動していることから、ケープタウン条約にはこの条件を満たすための効果的な制度が組み込まれていると結論付けることができる。

国際的な金融市場におけるホワイトリスト・システムの存在と制裁 S の可能性を考慮に入れるならば、事後に国家が直面するインセンティブは異なる。その決定を a^{post*} としよう。この新しい政策 a^{post*} とケープタウン条約批准前の政策 a^{post} を比較すると、期待される制裁 qS が十分に大きいならば、ホワイトリスト・システムは事後においても国家を条約にコミットさせうることが直感的に分かる。

このようにホワイトリスト・システムは、条約に違反した国を公表する制度の運用を通して、締約国における航空機担保権の強制を確かなものにしようとしている。時間非整合性の問題はこうして解決されうる。時間非整合性の問題に苦しむ国は、ケープタウン条約を批准することにより自身を信頼できる存在に変えられる。条約への批准は、国家の政策 a^{post*} と担保権の強制の確率 η を

35）この条件は、$(1-\eta)v \geq (1-\eta)(v-qS)$ で表される（Zasu and Sato 2012, *supra* note 1, p. 594）。

36）つまり、ホワイトリスト・システムによる制裁は、制裁者に費用負担を強いるものではない。そのため、制裁についてフリーライドの問題が生じることはない。

増加させる。この結論とⅢ－１における分析から、事業成功時の航空会社から資金提供者へのリターンは減少することが分かる。これは、国家を信頼に値すると考える資金提供者がリスク・プレミアムを引き下げることを意味する。実際には、元々のカントリー・リスクが高い国ほど、条約を批准した場合に享受できるリスク・プレミアムの引き下げ幅は大きくなる。この結論は、Saunders et al. 2006の実証研究の結果と合致する。そこでは、ケープタウン条約の経済効果を検証し、信用リスクに悩まされている国ほど条約を批准することで多くの利益を享受できることが示されている[37)]。この結論はまた、ケープタウン条約割引制度において、**第１章－Ⅳ－３－⑴の図表１－２**の下限保険料率（Minimum Premium Rates）からの最大10％割引が達成されていることとも符合する[38)]。この割引制度の下では、適格国に所在する航空会社は低いプレミアムで融資を受けることが可能になる。この割引制度については次に、宣言システムとの関係で言及する。

２　事前の参加条件としての宣言システム

巻末別表から明らかなように、必ずしも多くの国が統一私法条約を批准するわけではない。ある条約の内容と制度がどれほど優れたものであったとしても、国家がそれを批准しなければ意味がない。そのため条約を通して信頼を創出するには、前提として条約が国家にとって遵守可能であるかを問わなければならない。遵守しやすいものであれば、条約が締約国数の面で成功を収める確率は高まる。そこで、ここでは事前条件としての条約への参加制約について考察する。まず、合理的な国家は、条約を批准する場合に得られる事前の利得が条約を批准しない場合に得られる利得を上回る時に、条約を批准すると仮定する。国家が条約を批准しない理由として多くのことが考えられるが、ここでは評判と運用費用の２つに焦点を当てる。

---

37)　Anthony Saunders, Anand Srinivasan and Ingo Walter, "Innovation in International Law and Global Finance: Estimating the Financial Impact of the Cape Town Convention," (2006) 〈http://ssrn.com/abstract=894027〉 (visited September 3, 2015).

38)　ASU 2011/9, *supra* note 30, p. 30.

まず、評判について検討することにしよう。読者の中には、国家は国内法制度改革を通して評判を上げることにより、自己の政策を確約できると考えるかもしれない。しかし実際には、この方法である国が評判を確立するまでには、かなりの時間を要する。ここで、条約が存在しない場合のある国の事前の厚生を W^{ante} と表すことにしよう。その国が国内法制度改革を通して評判を構築することを選択するならば、国家の厚生は δW^{ante} で表される（δ は割引要因である）。この場合には評判を獲得するのに時間がかかるため、国家の厚生は割引かれる。言い換えれば、国家は評判形成に要する時間的費用を負担しなければならない[39]。δ の値が高い国は、良い評判を持つ国と考えられる。他方で、その国がケープタウン条約の批准を選択するならば、国家の厚生は W^{ante} から前述の制裁の可能性を差し引いた値となる。つまり、ある国が事前に条約を批准する参加条件は、ケープタウン条約に基づく国家の厚生（制裁が見込まれる分小さくなる）が国内法制度改革による評判メカニズムに基づく国家の厚生（時間的費用が見込まれる分小さくなる）を上回る場合であると考えられる[40]。

この参加条件から分かることは、ある国が良い評判 δ を有しているならば、それだけ参加条件が制約されるということである。したがって、もともと国際的な金融市場での評判が良い国が条約へ参加したとしても、未だ評判を確立できていない国々が得られるほど大きな利得を得られないと考えられる。換言すると、評判の低い国の方が条約の恩恵を多く受けることができる。そのため、評判の低い国の方が評判の高い国よりも、条約を批准する傾向は強い。この推定は、ケープタウン条約と航空機議定書の締約国の中に多くの途上国が含まれているという事実と符合する[41]。ただし、今後ケープタウン条約の締約国数がさらに増大し、同条約が文字通り世界標準となるならば、締約国間に強力なネッ

39）この費用は、$(1-\delta)W^{ante}$ で表される（Zasu and Sato 2012, *supra* note 1, p. 595）。

40）参加条件は、$W^{ante}-(1-p)(1-\eta)qS \geq W^{ante}-(1-\delta)W^{ante}$ で表される（Zasu and Sato 2012, *supra* note 1, p. 596）。なお、この条件を書き直すと次のようになる：$W^{ante} \geq \frac{(1-p)(1-\eta)qS}{1-\delta}$（*Ibid.*）。

41）ケープタウン条約について〈http://www.unidroit.org/status-2001capetown〉（2015年9月3日閲覧）を、航空機議定書について〈http://www.unidroit.org/status-2001capetown-aircraft〉（2015年9月3日閲覧）を参照。

トワーク効果が創出されるであろう。そのため、現在高い評判を維持している国であっても非締約国であり続けるならば、将来的には評判が失墜することは十分に考えられうる。

必ずしも多くの国々が統一私法条約を批准するわけではない２つ目の理由として、国家が負担することになる運用費用を検討しよう。ケープタウン条約には、批准に伴う費用を低く抑えることができる「宣言システム」が組み込まれている。このシステムを通して締約国は、条約の批准に伴う費用を削減できるとともに、信頼性も維持することが可能となる。統一私法条約を批准する際に締約国は、それを自国の法環境に適応させるための費用を負担しなければならない[42]。国家間で担保法制が大きく異なることを考慮するならば、単一のルールが多くの国で採用されることはあまり現実的ではない。一部の国には受け入れられるだろうが、他の国には受け入れられないおそれがある。宣言システムの下で締約国は、現行の国内法制に整合的な債権者の救済手段を選択でき、あるいはさらなる法制度改革の必要性を認識できる。つまり、宣言システムは条約の運用費用を抑えることで、条約の参加制約を緩和するとともに、批准後は国家による条約の遵守を強化する。

V　結　語

以上のように、ホワイトリスト・システムには情報開示機能があり、このシステムによる間接的制裁の脅威は締約国から条約遵守のための努力を引き出す。このシステムのために、ケープタウン条約割引制度の下で途上国は先に果実を手にすることが可能となる。注目すべきは、このような構図が、国内法制度改革を通した評判メカニズムによる場合—途上国は先に努力し、結実が保障されていない果実の収穫を待つ—と時系列において逆になることである。この

42)　Vincy Fon and Francesco Parisi, “On the Optimal Specificity of Legal Rules,” 3(2) *Journal of Institutional Economics* 147（2007）は、既存のルールとの調整に要する費用等が、法典化にあたり規範の詳細さにどのような影響を及ぼすかを分析した。また、Berkowitz et al. 2003a, *supra* note 9, p. 189も参照。

割引制度によって初めて果実を手にした締約国は、せっかくの果実を手放すまいと強いインセンティブを持ってカントリー・リスクの払拭に努めると期待される。このようにホワイトリスト・システムは、これまで市場から性悪説に則った扱いを受けてきた国家を、初期設定としては性善説に基づいて遇する。

また、宣言システムの下では統一担保制度が機能不全に陥ることがないようオプションが綿密に設計されており、このことが締約国による条約の遵守を実現可能にする。したがって、宣言システムが締約国に対し信頼を供与するメカニズムは、ホワイトリスト・システムのそれとは全く異なる。それにもかかわらず、宣言システムは条約の批准に伴うシグナル効果を低減させるおそれがある[43]。つまり、オプションの選択状況如何では、ある締約国が国際的な金融市場で脚光を浴びることは難しいかもしれない。事実、**第1章**-Ⅳ-3-(1)で見たようにケープタウン条約割引制度では、宣言システムの下でのオプションの選択の仕方が一種の踏み絵として利用されており、国際担保権の保護について最も強いシグナルを発する締約国のみが割引を享受できるに過ぎない。

さらにこの2つのシステムは、同条約が締約国数の面でも成功を収めることを可能にした。ホワイトリスト・システムがもたらす外生的な信頼醸成の効果に期待して批准した国もあれば、宣言システムがもたらす内生的な制度適応の効果に魅せられて批准した国もあろう。同条約が様々な選好を有する国々の間に広く受け入れられているという事実は、このような観点から説明できる。

この章では、途上国がケープタウン条約を通して信用を獲得しているメカニズムを考察した。国内の金融市場が未発達な国は、事前と事後で異なる行動をとる傾向がある。しかし、見方を変えれば、こうした国は時間非整合性の問題に苦しんでいるとも言える。このような国に所在する航空会社は、国際的な金融市場にアクセスできずにいた。ホワイトリスト・システムと宣言システムのお陰で、今や途上国は前倒しで条約遵守の果実を味合いうる。途上国はこれに味を占めるであろう。このようにして、ケープタウン条約は後発者に信用を付

43)　Pistor 2002は、金融法標準化プロジェクトの特徴の1つに不明確性を挙げ、不明確性が法継受のシグナル効果を喪失させる短所を伴うことを指摘する（*supra* note 10, pp. 102-103)。

与している。

おわりに

航空機ファイナンスは従来、政府の強い干渉と法的カオスによって特徴付けられてきた。本書ではケープタウン条約・航空機議定書が、航空機ファイナンスを取り巻く法的・政治的問題にどのように立ち向かい、航空機市場の国境を越えた拡大と効率化を促進しているのかを多角的に考察した。

近年における航空機の需要は特に発展途上国を中心として急増しており、この傾向は今後も継続することが見込まれる。**第1章**では、このような市場の特性を背景として同条約・議定書が、航空会社のデフォルト時に顕在化する航空会社所在地による担保権実行への干渉を制御するための超国家的な制度の構築を目指していることを明らかにした。この点は、航空機担保権の実行主体としてのセキュリティ・トラストの機能を積極的に肯定し、私的実行を中核とした債権者の救済制度を国際的に整備することにより具体化されている。これにより、途上国に広く見られる非効率な司法手続を回避し、迅速に航空機の占有を回復することが可能となる。こうして、「はじめに」で挙げた市場が有効に機能するための3条件のうち、条件(y)物権の低費用での強制可能性が充足されることになった。

また**第2章**では、同条約・議定書が、コモンロー圏の取引実務が発展させてきた航空機ファイナンスの取引構造の国際的局面での活用をも見据えていることを明らかにした。この目的を実現するために、これまで各国の登録簿に散在していた航空機の権利関係に関する情報を一元的に管理する完全電子化された国際登録システムの建造に心血が注がれた。このシステムを通して、契約に基づいて組成されるファイナンス・ストラクチャーに対して、低い費用負担のみで信頼性の高い対世的効力を付加することが可能となる。こうして、残りの市場化条件である(x)物権の明瞭な定義付けと(z)物権の円滑な譲渡可能性も充足されることになった。

このように同条約は、単に国家同士の協力関係を確認するだけではない。同条約ではさらに踏み込んで、これまで航空機ファイナンスの安定性を揺るがしてきた国家による干渉を制御する目的のために、国家から不干渉の確約を効果的に取り付けることができる多国間条約という法形式が、逆説的な意味で最大限に利用されている。そこで**第3章**では、多国間条約という法形式を借りた商事的理念の追求が成功したメカニズムについて、ゲーム理論を使って分析した。この分析から明らかになったのは、同条約にユニークな法規範、法制度および法構造が、制定過程において二律背反に陥りがちな産業界と国家の利害を調整し、発効に向けて難局を打開するための政治的な仕掛けとしての側面を併せ持つことである。換言すると起草者は、航空機ファイナンスに関与するアクターの選好に基づいて、条約の制定と運用の両局面における各々の役割を決定した。その上で二元構造と宣言システムを考案して、制定過程において特に国家が航空産業に割り当てられた役割を犯すことがないよう立法環境の秩序付けを行った。このようにして産業界がインプットの過程を掌握したことが、商事的に最善の規範群から成る極めてルール的性格の強いアウトプットの誕生を可能にしたと考えられる。

第4章では、ケープタウン条約の発効と同時期にOECDが運用を開始した割引制度に注目し、締約国が条約に違反した場合の制裁メカニズムについて、ゲーム理論を用いて分析した。ホスト国が単独で国内法制度改革に取り組むならば、外国の資金提供者との間で必然的に情報の非対称性が発生する。そのため、ホスト国はなかなか改革の旨味に有り付くことができない。これに対しこの割引制度は先に旨味を与えることで、締約国が自律的に条約を遵守するよう動機付ける。このようにケープタウン条約の下では、法規範、法制度および法構造における創意工夫を越えて国家の選好や誘因までをも巧みに操縦することにより、国境を越えた航空機購入資金の移転が加速している。

それでは、条約の制定および運用の両局面においてある意味で国家を手懐けることを目的とする本条約の構想を展開する上で、何がその原動力となったのであろうかという疑問が生じる。本書では同条約をめぐるもう１つの特徴—制度発展過程におけるを受益者達の主体性—に注目し、この疑問に答えようとした。ケープタウン条約においては、起草初期に航空機（エンジン）メーカー、リース会社、銀行等をメンバーとする産業団体であるAWGが創設され、AWGと航空会社の産業団体であるIATAとの集団的な交渉を通して、国家を組み込んだゲームのルールが設計された。また、これらの産業団体が強力なロビイストとして各国政府へ働きかけた結果として、同条約は極めて短期間に多くの締約国を獲得することに成功している。このように受益者達に統一私法条約構想の主導権を握らせたことが、航空機ファイナンスに伴う取引費用を抑制しうる新たな取引秩序を誕生させた。

このような受益者による新取引秩序の構築の物語には、続きがある。**第4章**で扱った締約国での時間非整合性の問題は、同条約・議定書の生みの親の1人であるJeffrey Woolの近年における研究の対象であるとともに、活動の起点ともなっている。まずWool 2012は、今日の国際商事法改革の目的が経済的利益の創出にあるとし、「経済的利益＝取引リスク減少×条約施行×条約遵守」と定義した上で経験的証拠やZasu and Sato 2012を含む学術的議論に基づいてこの式の各概念を補い、ケープタウン条約における利益の源泉を論じる[1]。さらにWool and Jonovic 2013では国際商事法条約の「施行」について、Wool 2014ではその「遵守」について分析を精緻化しつつ、ケープタウン条約・航空機議定書との関係で両概念の一層の向上を図るべく進行している取り組みに言及する[2]。そこで本書を終えるにあたり、こうした条約・議定書の実効性確保を目的とした近時の取り組みのうち、刮目に値するものを紹介したい。

そのような取り組みとしてまず、AWGによる「IDERAモデル施行規則」の第2版の公表が挙げられる[3]。この背景には、中国民用航空局（Civil Aviation

---

1） Jeffrey Wool, “Treaty Design, Implementation, and Compliance Benchmarking Economic Benefit: A Framework as Applied to the Cape Town Convention,” 17 *Uniform Law Review* 633 (2012).

2） Jeffrey Wool and Andrej Jonovic, “The Relationship between Transnational Commercial Law Treaties and National Law: A Framework as Applied to the Cape Town Convention,” 2(1) *Cape Town Convention Journal* 65 (2013) およびJeffrey Wool, “Compliance with Transnational Commercial Law Treaties: A Framework as Applied to the Cape Town Convention,” 3(1) *Cape Town Convention Journal* 5 (2014) を参照。

3） AWG, *Model Implementing IDERA Regulation* (ver. 2) (2015) 〈http://www.awg.aero/assets/docs/IDERA%20Regulation%20-%20AWG%20Model%20-20%20FINAL%20NOV2014X%20(2)%20(revised%20May%202015)%20final.pdf〉 (visited November 28, 2015).

Administration of China）がIDERAに基づく国籍抹消と国外搬出のために裁判所の許可を課したり、あるいはアイルランド航空局（Irish Aviation Authority）が国外搬出だけでなく国籍抹消との関係でも安全関連法令の遵守を求める等、一部の締約国が本来の趣旨から外れる形でIDERAを運用していること、そして他の締約国がこれに倣うことへの産業界の強い危惧が存在すると考えられる。[4）] 同モデル規則のAttachment IIは注釈が付された版であり、そうした注釈において諸規則が主に航空機議定書とオフィシャル・コメンタリー（O. C. 2013）に基づき正当化されている。こうして、IDERAに基づく救済行使にあたり裁判所の許可を要しないことは同モデル規則第6. 2. 1条(b)項で、また国籍抹消との関係で安全関連法令が問われないことは同第6. 2. 2条で確認されている。[5）]

また条約の実効性が確保されるためには、締約国の法システムにおいて条約（またはその施行法規）が関係諸法よりも上位になければならない。このような条約の上位性の評価は、AWGが公表する「締約国施行概要」のcolumn 4において試みられている。[6）] そこには各締約国の上位性について、「あり（Yes）」、「なし（No）」または「結論出ず（Inconclusive）」のいずれかで示されている。そうした評価には原則として根拠が示されており、例えば上位性がある場合には「明規（Express Legislation）」、「特別法は一般法を破る（Lex Specialis）」、「後法は前法を廃する（Lex Posteriori）」または「高次の法規範（Higher Legal

---

4） Dean N. Gerber and David R. Walton, "De-registration and Export Remedies under the Cape Town Convention," 3(1) *Cape Town Convention Journal* 49, pp. 62-63, 67（2014）.

5） 同モデル規則には、筆者が航空機議定書とO. C. 2013の中に根拠を発見できなかった規定もある。例えば、国外搬出時に遵守すべき具体的な安全関連法令について確認した第6. 2. 2条がそうである。同条では、航空機の国外搬出がFerry Flightルールに従い実施されるべきことが規定されている。これは、国外搬出の目的が航空機の安全圏（例えば債務者所在地外）への移送にあり、この局面で耐空証明まで求めることは安全関連法令の不当な拡大である（Gerber and Walton 2014, *supra* note 4, pp. 63-64）という実務の声を反映していると考えられる。Ferry Flightルールによると、債権者は国籍抹消と国外搬出の後、別の国で国籍を取得し、その国の耐空要件を具備すればよい（*Ibid.*）。そのため、スムーズな救済の実現に大きく寄与する。

6） AWG, *Summary of National Implementation*（2015）［hereinafter SNI 2015］〈http://www.awg.aero/assets/docs/CTC%20Summary%20Chart%20-%20Final%20Draft.pdf〉（visited November 29, 2015）.

Norm)」という表記と具体的な根拠条文等が記載されている。AWG は世界中に連絡員網を構築しているとされ、現地の連絡員によるアンケートへの匿名回答を通して評価は更新される[7)]。注目すべきは、上位性確立のために立法を要すると評価された締約国のうち、その多くがすでにそのような法案を可決したり、現在必要な措置を取っていることである[8)]。

さらに条約の実効性は、条約の「一般原則」を提示する作業を通して確保されうる。ケープタウン条約第5条2項は、法に欠缺がある場合には、「この条約の基礎を成す一般原則に従い、このような原則がない場合には準拠法に従って解決する」と規定する。そこで Wool and Jonovic 2013は、同条約の条項が周囲に極めて広大な半影（penumbra）を伴うとし、そのためこの局面で国内法に優先して適用されるべき広範な一般原則が存在すると主張する[9)]。このような一般原則の具体化を担うと考えられる活動が、「ケープタウン条約学術プロジェクト（Cape Town Convention Academic Project, CTCAP)」により、著者である Roy Goode の私的な了承に基づいて遂行されている O. C. 2013に関する注釈の発行である。CTCAP はオックスフォード大学法学部とワシントン大学ロースクールが共同で運営する事業であるが、Wool が責任者（Executive Director）を務め、AWG の出資により創設されている点が目を引く[10)]。この注釈は、公式見解でも O. C. 2013の構成部分でもなく、あくまで O. C. 2013で未解

7） Wool 2014, *supra* note 2, p. 23 n. 106および SNI 2015, *supra* note 6, p. 2を参照。

8） Wool and Jonovic 2013, *supra* note 2, pp. 72-73および Wool 2014, *supra* note 2, p. 22を参照。

9） Wool and Jonovic 2013, *supra* note 2, p. 74および Wool 2014, *supra* note 2, p. 24を参照。そして、こうした一般原則のうち最重要のものとして、①契約条項の強制力に関する強い推定の存在、②取引の予測可能性の向上と最善の商慣行の反映の観点からの解釈、③独自の法概念に対して詳細を付与することを目的とした解釈および④政府による条約・議定書の諸権利への条件設定または政府による諸権利へ負の影響を与えるような行為の禁止を挙げる（Wool and Jonovic 2013, *supra* note 2, pp. 74-75および Wool 2014, *supra* note 2, p. 24を参照）。

10） 〈http://www.ctcap.org〉(visited November 21, 2015). CTCAP の目的は、ケープタウン条約に関する情報および教育の提供を通した研究者、学生、弁護士、裁判官、政府関係者および業界の支援にある。UNIDROIT と共同で、ウェブサイト上のリポジトリの運営と *Cape Town Convention Journal* の編集を行う（以上、〈http://www.ctcap.org〉(visited November 21, 2015) を参照)。なお、オックスフォード大学法学部に Goode が名誉教授として、ワシントン大学ロースクールに Wool が教授として籍を置く。

決の問題について関係者のために中立的かつ詳細な分析を供するものであると説明されている。[11] そしてすでに、3件の注釈が発行されている。[12] これが一般原則の開発現場ではなかろうか。

条約の実効性確保のための取り組みの最後は、条約適用に関する情報の収集と公開である。CTCAP リポジトリには "reporting on judicial activity" というカテゴリが設けられており、そこには条約・議定書を適用したメキシコ、インドおよびアイルランドの裁判例3件が原文のままアップされている。[13] したがって、メキシコの判例はスペイン語表記である。また、同レポジトリの "reporting on administrative and non-judicial activity" には、インドネシア2件、モンゴルおよびインドの関係当局の行為に関するレポート4件がアップされている。[14] このレポートには書式があり、大きく3つの欄から成る。[15] レポートは、以下の手続を経て公開される。まず、関係者が「I. レポート」欄を記入する。[16] 関係者からレポートの提出を受けて、CTCAP はレポートが事実に基づ

---

11) 〈http://www.ctcap.org〉(visited November 29, 2015).

12) Annotation 1は O. C. 2013の par. 2.65に関するものである。そこでは、条約発効前に成立した取引の所有権留保買主またはレッシーは発効後、par. 2.65で明記されている再売買契約またはサブリース契約に基づいてのみならず、担保契約に基づいても国際担保権を設定できることが確認されている。Annotation 2は O. C. 2013の par. 4.88, 4.89および4.91に関するものである。そこでは、第39条が定める無登録で優先する権利について、航空機売却地である締約国の法律上成立しかつ優先権を有するものに限られることが確認されている。そして、Annotation 3は O. C. 2013の par. 4.164に関するものである。そこでは、第25条4項において債務者等に認められる誤登録修正請求権について、成立事例が挙げられている(以上、CTCAP, *Annotation to Professor Sir Roy Goode's Official Commentary, Third Edition* (*UNIDROIT, 2013*) (Release no. 1) (2014), (Release no. 2) (2014) および (Release no. 3) (2015) を参照)。

13) 〈http://www.ctcap.org〉(visited November 30, 2015).

14) 〈http://www.ctcap.org〉(visited November 30, 2015).

15) CTCAP, *Reporting on Administrative and Other Non-judicial Activity* (2015) [hereinafter Reporting 2015]〈http://www.ctcap.org〉(visited November 30, 2015).

16) CTCAP, *Reporting Process: Administrative and Other Non-judicial Activity* par. 1 (2014) [hereinafter Reporting Process 2014]〈http://www.ctcap.org〉(visited November 30, 2015).「I. レポート」欄には細目として、①取引日、②債権者、③債権者所在国、④債務者、⑤債務者所在国、⑥航空機の国籍と登録日、⑦取引構造の概要、⑧ IDERA の記録、⑨国際登録簿での登録、⑩債権者による救済行使の開始、⑪債権者による救済行使の完了、⑫当局の行為の性格、⑬関係する裁判所の命令とその時期、⑭その他⑧-⑬の回答に関連するケープタウン条約の技術的情報、⑮添付された公式文書の一覧と説明、そして⑯関係者の一覧とその連絡先が並ぶ(Reporting 2015, *supra* note 15)。

くものであるか一応の（*prima facie*）審査を行う。[17] レポートに私見や推測等が含まれていれば修正のために提出者に戻される。[18] 審査を通過すれば、CTCAPは関係当局と他の関係者に対して、「Ⅱ．レポートに対するコメント」欄を記入の上、提出するよう依頼する。[19] このようなコメントも審査され、基準を満たさなければ修正のために提出者に戻される。[20] 基準を満たすコメントは全関係者に回覧され、少なくとも３週間「Ⅲ．コメントに対するコメント」を付記する機会が与えられる。[21] その後、CTCAPはレポートとコメントを分析の上、要旨を作成し、それを全関係者に回覧する。[22] ３週間以内に異議が唱えられれば、新たな要旨が作成される。[23] 異議がなければ、要旨がデータベースにアップされる。[24] 要旨に同意できない関係者がいれば、要旨のないレポートとコメントがアップされる。[25] このように全関係者に報告またはコメントの資格を付与することにより、レポート作成過程の透明性を確保することが企図されている。[26]

以上が、航空機ファイナンスにおける担保制度統一の全容である。このように極めて人工的なやり方で、市場化への正の循環が形成されている。

17) Reporting Process 2014, *supra* note 16, par. 1.
18) Reporting Process 2014, *supra* note 16, par. 1.
19) Reporting Process 2014, *supra* note 16, par. 2.
20) Reporting Process 2014, *supra* note 16, par. 2.
21) Reporting Process 2014, *supra* note 16, par. 3.
22) Reporting Process 2014, *supra* note 16, par. 4.
23) Reporting Process 2014, *supra* note 16, par. 5.
24) Reporting Process 2014, *supra* note 16, par. 6.
25) Reporting Process 2014, *supra* note 16, par. 7.
26) Wool 2014, *supra* note 2, p. 27.

別表　条約と締約国数（2015年9月19日現在）[1]

寄託機関	採択年	条　約	発効状況*	締約国数	発効のために必要な締約国数	採択後5年での締約国数	採択後10年での締約国数
私法統一国際協会（UNIDROIT）	1964	国際物品売買に関する統一法についての条約（ULIS）	○	9	5	3	8
	1964	国際物品売買契約の成立に関する統一法についての条約（ULFC）	○	9	5	2	8
	1970	旅行契約に関する国際条約（CCV）	○	8	5	4	7
	1973	国際的遺言の方式に関する統一法についての条約	○	13	5	4	7
	1983	国際物品売買における代理に関する条約	×	5	10	4	4
	1988	国際ファイナンス・リースに関するユニドロワ条約	○	10	3	1	6
	1988	国際ファクタリングに関するユニドロワ条約	○	9	3	1	6
	1995	盗取されまたは不法に輸出された文化財に関するユニドロワ条約	○	37	5	12	25
	2001	ケープタウン条約	○	68	3	13	48
	2001	航空機議定書	○	59	8	13	43
	2007	鉄道車両議定書	×	1	4	1	—
	2009	間接保有証券の実質規定に関するユニドロワ条約	×	0	3	0	—
	2012	宇宙資産議定書	×	0	10	—	—
	1958	外国仲裁判断の承認と執行に関する条約	○	156	3	25	33
	1974	国際物品売買の時効に関する条約	○	29	10	1	5
	1980	同改正版	○	22	5	3	5
	1978	海上貨物輸送に関する国連条約	○	34	20	8	12
	1980	国際物品売買契約に関する国連条約（CISG）	○	83	10	6	23
	1988	国際為替手形と国際約束手形に関する国連条約	×	5	10	2	2

1）　この表は、〈http://www.unidroit.org/news〉と〈http://www.uncitral.org/uncitral/en/index.html〉で公表されている批准等に関する情報を基に、筆者が作成した。

国連国際商取引法委員会(UNCITRAL)	1991	国際貿易における運送ターミナル・オペレータの責任に関する国連条約	×	4	5	1	2
	1995	独立保証とスタンドバイ信用状に関する国連条約	○	8	5	5	8
	2001	国際貿易における債権譲渡に関する国連条約	×	1	5	1	1
	2005	国際契約における電子通信の利用に関する国連条約	○	7	3	2	—
	2008	その全部または一部が海上運送である国際物品運送契約に関する国連条約	×	3	20	2	—
	2014	協定に基づく投資家・国家間仲裁の透明性に関する国連条約	×	1	3	—	—

＊この欄における○は当該条約が発効していることを表し，×は未発効であることを表す。

参考文献一覧

A　日本語文献

青木昭男．1988．「国際リース」金融財政事情研究会編『実戦国際金融取引：各種取引の実際から債権保全まで』新版．183頁．金融財政事情研究会．

青木則幸．2004．「アメリカ統一商事法典第９編における浮動担保制度の史的考察(1)：事業収益を基礎とする動産担保の制度設計に向けて」早稲田法学79巻２号57頁．

青木昌彦．2002．「産業アーキテクチャのモジュール化：理論的イントロダクション」青木昌彦＝安藤晴彦編『モジュール化：新しい産業アーキテクチャの本質』３頁．東洋経済新報社．

池田文雄．1956．『国際航空法概論』有信堂．

伊沢孝平．1964．『航空法』有斐閣．

大垣尚司．1997．『ストラクチャード・ファイナンス入門』日本経済新聞社．

奥野（藤原）正寛．1997．「政府・企業関係の比較制度分析に向けて」青木昌彦ほか編『東アジアの経済発展と政府の役割：比較制度分析アプローチ』409頁．日本経済新聞社．

柏倉栄一．2003．「船舶ファイナンス」西村総合法律事務所編『ファイナンス法大全（下)』442頁．商事法務．

絹巻康史．2001．『貿易経営行動』文眞堂．

工藤聡一．2007．「航空機金融」藤田勝利編『新航空法講義』279頁．信山社．

栗林忠男．1967．「航空機における権利：国際立法とオーストラリア国内法」空法11号１頁．

クロイツァー，カール．1995．（山内惟介監訳）『国際私法・比較法論集（日本比較法研究所翻訳叢書34)』中央大学出版部．

小塚荘一郎．2003．「資産担保金融の制度的条件：可動物件担保に関するケープタウン条約を素材として」上智法学論集46巻３号43頁．

――．2006．「ケープタウン条約の各国による受容」空法47号5213頁．

小塚荘一郎＝佐藤育己監訳．2014．「可動物件の国際担保権に関する条約」及び「航空機の固有の事項に関する可動物件の国際担保権に関する条約の議定書」〈http://www.ctcap.org/〉(Repository ＞ Operative Legal Texts)．

齋藤彰．1998．「債権譲渡の準拠法：新たな立法的動向への対応を考える」ジュリスト1143号59頁．

――．2001．「国際的な私法統一の新たな展開：立法的技術革新の視点から」関西大学法学論集51巻２＝３号31頁．

齋藤彰＝佐藤育己．2010．「国際的な私法統一条約をめぐる幻想と現実：ケープタウン条約航空機議定書とウィーン売買条約の起草過程を素材として」国際商取引学会年報12号１頁．

坂本昭雄＝三好晉．1999．『新国際航空法』有信堂高文社．

阪本清．1986．「航空機」石井真司＝西尾信一編『特殊担保：その理論と実務』212頁．経済法令研究会．

佐藤育己．2013．「航空機ファイナンスにおける公示・対抗制度統一の現状：1948年ジュネーブから2001年ケープタウンへ」神戸法學雑誌63巻３号81頁．
澤木敬郎＝道垣内正人．2012．『国際私法入門』第７版．有斐閣．
鈴木秀彦＝井門慶介．2014．「航空機ファイナンスの理論と実務（上・中・下）」金融法務事情62巻10号６頁・同11号64頁・同12号60頁．
千石克．2003．「航空機ファイナンス」西村総合法律事務所編『ファイナンス法大全（下）』432頁．商事法務．
――．2006．「ストラクチャード・ファイナンス取引における担保を目的とした信託の利用」西村ときわ法律事務所編『ファイナンス法大全（アップデート）』714頁．商事法務．
外立憲治．1987．「国際リース取引の構造」加藤一郎＝椿寿夫編『リース取引法講座（下）』235頁．金融財政事情研究会．
曽野和明．1986．「変容した国際社会と条約至上主義への疑問：新モデルを求めるUNCITRAL」国際法外交雑誌84巻６号685頁．
徳安亜矢＝齋藤崇．2006．「証券化の新たな展開：クロスボーダー債権の流動化」西村ときわ法律事務所編『ファイナンス法大全（アップデート）』430頁．商事法務．
日本銀行金融研究所．2008．『債権管理と担保管理を巡る法律問題研究会報告書』．
日本航空営業部タリフ課．1955．「航空機の権利の国際的承認に関する条約」空法１号111頁．
羽原敬二．1997．『航空機ファイナンスの諸問題』関西大学経済政治研究所．
早川眞一郎．2001．「国際取引と担保」国際法学会編『国際取引（日本と国際法の100年第７巻）』66頁．三省堂．
早川吉尚．2007．「目的物所在地法主義とハーグ証券決済準拠法条約（国際私法の経済分析第６回）」ジュリスト1347号48頁．
原優．1988．「国際ファイナンス・リースおよび国際ファンタリングに関するユニドロワ条約の採択（上）」NBL407号６頁．
平野裕之．1987．「リース物件の帰属と担保化」加藤一郎＝椿寿夫編『リース取引法講座（上）』147頁．金融財政事情研究会．
藤澤尚江．2006．「債権流動化と米国統一商事法典における国際私法規則」国際商事法務34巻11号1441頁．
藤田友敬．2008．「国際商取引における規範形成：万国海法会を例として」ソフトロー研究12号107頁．
舟橋克剛．1995．『レバレッジドリース』金融財政事情研究会．
増田晋＝垣内純子．2002-2004．「可動物件の国際的権益に関する条約および航空機議定書の概要と仮訳」国際商事法務30巻７号921頁-32巻６号819頁．
森田修．2005．『アメリカ倒産担保法：「初期融資者の優越」の法理』商事法務．
――．2011．『債権回収法講義』第２版．有斐閣．
山上正雄．2004．「日本のケープタウン条約批准に向けて」NBL799号８頁．
山崎悠基．1990．「航空機金融」岩原紳作編『現代企業法の展開（竹内昭夫先生還暦記念）』663頁．有斐閣．
ユーデル，グレゴリー．2007．（高木新二郎＝堀池篤訳）『アセット・ベースト・ファイナンス入門』金融財政事情研究会．

横溝大. 2008.「ソフトローの観点から見た国際航空法：国際標準と勧告方式の遵守を中心として」中山信弘編集代表『国際社会とソフトロー』271頁. 有斐閣.

JAXA法務課＝小塚荘一郎訳. 2014.「宇宙資産に固有の事項に関する可動物件の国際担保権に関する条約の議定書」〈http://www.ctcap.org/〉.

B 外国語文献

Aviation Working Group. 2015. *Model Implementing IDERA Regulation,* ver. 2 〈http://www.awg.aero/assets/docs/IDERA%20Regulation%20-%20AWG%20Model%20-%20%20FINAL%20NOV2014X%20(2)%20(revised%20May%202015)%20final. pdf〉.

——. 2015. *Summary of National Implementation* 〈http://www.awg.aero/assets/docs/CTC%20Summary%20Chart%20-%20Final%20Draft.pdf〉.

Bebchuk, Lucian A. and Andrew T. Guzman. 1999. "An Economic Analysis of Transnational Bankruptcies," 42 *Journal of Law and Economics* 775.

Berkowitz, Daniel, Katharina Pistor and Jean-Francois Richard. 2003a. "The Transplant Effect," 51 *American Journal of Comparative Law* 163（齋藤彰＝佐藤育己訳「法制度の移植作用」神戸法学雑誌59巻1号114頁（2009））.

——. 2003b. "Economic Development, Legality, and the Transplant Effect," 47 *European Economic Review* 165.

Bernstein, Arthur. 1998. "A Lessee's Guide to Structuring Cross-border Aircraft Leases," In: Andrew Littlejohns and Stephen McGairl (Eds.), *Aircraft Financing,* 3rd ed.. 86 London: Euromoney Books.

Bouma, Richard. 1998. "Financing National Airlines in Developing Countries," In: Andrew Littlejohns and Stephen McGairl (Eds.), *Aircraft financing,* 3rd ed.. 214 London: Euromoney Books.

Bunker, Donald H.. 2005. *International Aircraft Financing,* vol. 2. Montreal: IATA.

Calkins Jr., G. Nathan. 1948. "Creation and International Recognition of Title and Security Rights in Aircraft," 15 *Journal of Air Law & Commerce* 156.

Cape Town Convention Academic Project. 2014. *Reporting Process : Administrative and Other Non-judicial Activity* 〈http://www.ctcap.org〉.

——. 2014-2015. *Annotation to Professor Sir Roy Goode's Official Commentary, Third Edition* (*UNIDROIT, 2013*), release no. 1, 2 and 3 〈http://www.ctcap.org〉.

——. 2015. *Reporting on Administrative and Other Non-judicial Activity* 〈http://www.ctcap.org〉.

Clark, Lorne S.. 2004. "The 2001 Cape Town Convention on International Interests in Mobile Equipment and Aircraft Equipment Protocol: Internationalising Assed-Based Financing Principles for the Acquisition of Aircraft and Engines," 69 *Journal of Air Law & Commerce* 3.

Cuming, Ronald. 1990. "International Regulation of Aspects of Security Interests in Mobile Equipment," [1990] *Uniform Law Review* 63.

——. 2002. "The Characterisation of Interests and Transactions under the Convention of

International Interests in Mobile Equipment, 2001," In: Iwan Davies (Ed.), *Security Interests in Mobile Equipment.* 377 Dartmouth: Ashgate.

Davies, Iwan. 2003. "The New Lex Mercatoria: International Interests in Mobile Equipment," 52 *International and Comparative Law Quarterly* 151.

Dempsey, Paul Stephen. 2004. "Compliance & Enforcement in International Law: Achieving Global Uniformity in Aviation Safety," 30 *North Carolina Journal of International Law and Commercial Regulation* 1.

Desai, Mihir A., C. Fritz Foley and James R. Hines Jr.. 2004. "A Multinational Perspective on Capital Structure Choice and Internal Capital Markets," 59(6) *Journal of Finance* 2451.

Diederiks-Verschoor, I. H. Ph.. 2006. *An Introduction to Air Law,* 8th rev. ed.. Netherlands: Kluwer Law International.

Doganis, Rigas. 2006. *The Airline Business,* 2nd ed.. London: Routledge（事実上の初版である Rigas Doganis, *The Airline Business in the Twenty-First Century* (2001) の邦訳として，塩見英治ほか訳『21世紀の航空ビジネス』(中央経済社，2003)).

EXIM's News. 2007. "Ex-Im Bank Extends Offer of Reduced Exposure Fee Through December 2010 for Buyers in Countries Implementing the Cape Town Treaty (September 26, 2007)," 〈http://www.exim.gov/news/ex-im-bank-extends-offer-reduced-exposure-fee-through-december-2010-for-buyers-countries〉.

EXIM's News. 2008. "Ex-Im Bank Extends $548.6 Million in Loan Guarantees to Support Boeing Aircraft Exports to India (September 18, 2008)," 〈http://www.exim.gov/news/ex-im-bank-extends-5486-million-loan-guarantees-support-boeing-aircraft-exports-india〉.

Fleisig, Heywood W. and Nuria de la Pena. 1997. "Peru: How Problems in the Framework for Secured Transactions Limit Access to Credit," [1997] *NAFTA : Law and Business Review of the Americas* 33.

Fon, Vincy and Francesco Parisi. 2007. "On the Optimal Specificity of Legal Rules," 3(2) *Journal of Institutional Economics* 147.

Geach, Owen. 2011. "Aircraft Repossession," In: Rob Murphy and Nasreen Desai (Eds.), *Aircraft Financing,* 4th ed.. 226 London: Euromoney.

Gerber, Dean N. and David R. Walton. 2014. "De-registration and Export Remedies under the Cape Town Convention," 3(1) *Cape Town Convention Journal* 49.

Gillette, Clayton and Robert Scott. 2005. "The Political Economy of International Sales Law," 25 *International Review of Law and Economics* 446.

Gilmore, Grant. 1965. *Security Interests in Personal Property,* vol. 1. Boston: Little Brown.

Glaister, William J, Robert Murphy, Marisa Chan, Ellie Dunne and Julian Acratopulo. 2012. "Lex Situs After Blue Sky: Is the Cape Town Convention the Solution?," [2012] (1) *Cape Town Convention Journal* 3.

Goode, Roy. 1998. "The Protection of Interests in Movables in Transnational Commercial Law," [1998] *Uniform Law Review* 453.

——. 1999. "The Preliminary Draft UNIDROIT Convention on International Interests in Mobile Equipment: The Next Stage," [1999] *Uniform Law Review* 265.

——. 2003. "The Cape Town Convention on International Interests in Mobile Equipment: A Driving Force for International Asset-Based Financing," 36(2) *Uniform Commercial Code Law Journal* 1.

——. 2005. "Rule, Practice, and Pragmatism in Transnational Commercial Law," 54 *International and Comparative Law Quarterly* 539.

——. 2008. *Official Commentary on the Convention on International Interests in Mobile Equipment and the Luxembourg Protocol thereto on Matters Specific to Railway Rolling Stock.* Rome: UNIDROIT.

——. 2010. *Goode on Commercial Law,* 4th ed.. London: Penguin Books.

——. 2013. *Official Commentary on the Convention on International Interests in Mobile Equipment and the Protocol thereto on Matters Specific to Aircraft Equipment,* 3rd ed.. Rome: UNIDROIT.

——. 2013. "The Cape Town Convention and Protocols and the Conflict of Laws," In: Permanent Bureau of the HccH (Ed.), *A Commitment to Private International Law : Essays in Honour of Hans Van Loon.* 221 Cambridge: Intersentia.

Gopalan, Sandeep. 2004. *Transnational Commercial Law.* New York: William S. Hein.

——. 2008. "A Demandeur-Centric Approach to Regime Design in Transnational Commercial Law," 39 *Georgetown Journal of International Law* 327.

Guzman, Andrew T.. 2008. *How International Law Works : A Rational Choice Theory.* New York: Oxford University Press.

International Civil Aviation Organization. 2014. *Regulations and Procedures for the International Registry* (Doc 9864), 6th ed. 〈https://www.internationalregistry.aero/ir-web/downloadDocument?locale=en&pageSubTitle=-%20Documentation%20English〉.

International Registry of Mobile Assets. 2013. *Seventh Annual Statistical Report* 〈https://www.internationalregistry.aero/irWeb/pageflows/work/Reports/DownloadAnnualReport/DownloadAnnualReportController.jpf〉.

Jappelli, Tullio, Marco Pagano and Magda Bianco. 2005. "Courts and Banks: Effects of Judicial Enforcement on Credit Markets," 37(2) *Journal of Money, Credit, and Banking* 223.

Kaplow, Louis. 1992. "Rules Versus Standards: An Economic Analysis," 42 *Duke Law Journal* 557.

Kreuzer, Karl. 2013. "Jurisdiction and Choice of Law under the Cape Town Convention and the Protocols Thereto," [2013] (1) *Cape Town Convention Journal* 149.

La Porta, Rafael, Florencio Lopez-de-Silanes, Andrei Shleifer and Robert W. Vishny. 1997. "Legal Determinants of External Finance," 52(3) *Journal of Finance* 1131.

——. 1998. "Law and Finance," 106(6) *Journal of Political Economy* 1113.

Legal Advisory Panel of the Aviation Working Group. 2008. *Advanced Contract and Opinion Practices under the Cape Town Convention.* Oxford and Portland: Hart Publish-

ing.
——. 2012. *Practitioners' Guide to the Cape Town Convention and the Aircraft Protocol* 〈http://www.awg.aero/assets/docs/Practitioner's%20Guide%20FINAL%20_4V_.pdf〉.
Legal Commission of International Civil Aviation Organization. 1948. *Second Assembly Minutes and Documents* (DOC 5722).
Legal Subcommittee of the Air Coordinating Committee. 1949. "Annotated Text of Convention on International Recognition of Rights in Aircraft," 16 *Journal of Air Law and Commerce* 70.
Littlejohns, Andrew. 1998. "Legal Issues in Aircraft Finance," In: Andrew Littlejohns and Stephen McGairl (Eds.), *Aircraft Financing,* 3rd ed.. 281 London: Euromoney Books.
Maule, David. 1998. "Aircraft Repossession Insurance," In: Andrew Littlejohns and Stephen McGairl (Eds.), *Aircraft Financing,* 3rd ed.. 328 London: Euromoney Books.
Miller, Roger, Daniel Benjamin and Douglass North. 2011. *The Economics of Public Issues,* 17th ed.. Boston: Pearson (16th ed. の邦訳として，赤羽隆夫訳『経済学で現代社会を読む』(日本経済新聞社，改訂新版，2010)).
Organisation for Economic Co-operation and Development. 2007. *Sector Understanding on Export Credits for Civil Aircraft* (TAD/PG (2007) 4/FINAL) 〈http://search.oecd.org/officialdocuments/displaydocumentpdf/?cote=tad/pg(2007)4/FINAL&doclanguage=en〉.
——. 2011/9. *Sector Understanding on Export Credits for Civil Aircraft* (TAD/ASU (2011) 1) 〈http://search.oecd.org/officialdocuments/displaydocumentpdf/?cote=tad/pg(2011)3&doclanguage=en〉.
Pistor, Katharina. 2002. "The Standardization of Law and Its Effect on Developing Economies," 50 *American Journal of Comparative Law* 97.
——. 2005. "Legal Ground Rules in Coordinated and Liberal Market Economies," In: Klaus Hopt et al. (Eds.), *Corporate Governance in Context : Corporations, States and Markets in Europe, Japan, and the US.* 249 Oxford: Oxford University Press.
Reid, Kenneth G C. 2005. "While One Hundred Remain: T B Smith and thc Progress of Scots Law," In: Elspeth Christie Reid and David Carey Miller (Eds.), *A Mixed Legal System in Transition : T. B. Smith and the Progress of Scots Law.* 1 Edinburgh: Edinburgh University Press.
Rosales, Rex K.. 1991. "Recordation of Rights in Aircraft and International Recognition: A Comparison between the American and Canadian Situations," 16 *Annals of Air and Space Law* 195.
Rubins, Noah and N. Stephan Kinsella. 2005. *International Investment, Political Risk and Dispute Resolution : A Practitioner's Guide.* London: Occeana Publications.
Sato, Ikumi and Yoshinobu Zasu. 2010. "Beyond Conflict of Interest: Lessons from the Cape Town Convention," 1(1) *Asian Journal of Law and Economics* 1.
Saunders, Anthony, Anand Srinivasan and Ingo Walter. 2006. "Innovation in International Law and Global Finance: Estimating the Financial Impact of the Cape Town Conven-

tion," 〈http://ssrn.com/abstract=894027〉.

Saunders, Anthony, Anand Srinivasan, Ingo Walter and Jeffrey Wool. 1999. "The Economic Implications of International Secured Transactions Law Reform: A Case Study," 20(2) *University of Pennsylvania Journal of International Economic Law* 309.

Saunders, Anthony and Ingo Walter. 1998. "Proposed UNIDROIT Convention on International Interests in Mobile Equipment as Applicable to Aircraft Equipment through the Aircraft Protocol: Economic Impact Assessment," 23 *Air and Space Law* 339.

Schilling, Theodor. 1985. "Some European Decisions on Non-Possessory Security Rights in Private International Law," 34(1) *International and Comparative Law Quarterly* 87.

Shaxson, Nicholas. 2012. *Treasure Islands: Tax Havens and the Men Who Stole the World*. London: Vintage（藤井清美訳『タックスヘイブンの闇：世界の富は盗まれている！』（朝日新聞出版，2012））.

Stanford, Martin. 2002. "From Ottawa to Cape Town: UNIDROIT's Role in the Modernisation of the Law Governing Leasing and the Taking of Security," In: Iwan Davies (Ed.), *Security Interests in Mobile Equipment*. 397 Dartmouth: Ashgate.

Sundahl, Mark J.. 2006. "The 'Cape Town Approach': A New Method of Making International Law," 44 *Columbian Journal of Transnational Law* 339.

Sykes, Alan O.. 2007. "International Law," In: A. Mitchell Polinsky and Steven Shavell (Eds.), *Handbook of Law and Economics*, vol. 1. 757 Amsterdam: Elsevier.

Tirole, Jean. 2003. "Inefficient Foreign Borrowing: A Dual- and Common-Agency Perspective," 93(5) *American Economic Review* 1678.

——. 2006. *The Theory of Corporate Finance*. Princeton and Oxford: Princeton University Press.

Torsello, Marco. 2004. *Common Features of Uniform Commercial Law Conventions: A Comparative Study Beyond the 1980 Uniform Sales Law*. Munchen: Sellier.

UNCITRAL. 1977. "Report of the Secretary-General: Study on Security Interests (A/CN. 9/131)," 8 *Yearbook of the United Nations Commission on International Trade Law* 171.

——. 1980. "Report of the United Naitons Commission on International Trade Law on the Work of its Thirteenth Session (New York, 14-25 July 1980) (A/35/17)," 11 *Yearbook of the United Nations Commission on International Trade Law* 7.

Weber, Ludwig and Silverio Espinola. 1999. "The Development of a New Convention Relating to International Intersts in Mobile Equipment, in Particular Aircraft Equipment: A Joint ICAO-UNIDROIT Project," [1999] (2) *Uniform Law Review* 463.

Western, Mark. 2011. "Issues Relating to Offshore SPVs," In: Rob Murphy and Nasreen Desai (Eds.), *Aircraft Financing*, 4th ed.. 208 London: Euromoney.

Wilberforce, R. O.. 1948. "The International Recognition of Rights in Aircraft," 2 *International Law Quarterly* 421.

Wood, Philip. 2007. *Comparative Law of Security Interests and Title Finance*, 2nd ed.. London: Sweet & Maxwell.

Wool, Jeffrey. 1997. "Rethinking the Notion of Uniformity in the Drafting of International Commercial Law: A Preliminary Proposal for the Development of a Policy-Based Unification Model," [1997] *Uniform Law Review* 46.

——. 1999. "The Case for a Commercial Orientation to the Proposed UNIDROIT Convention as Applied to Aircraft Equipment," [1999] *Uniform Law Review* 289.

——. 1999. "The Next Generation of International Aviation Finance Law: An Overview of the Proposed UNIDROIT Convention on International Interests in Mobile Equipment as Applied to Aircraft Equipment," 20(3) *University of Pennsylvania Journal of International Economic Law* 499.

——. 2012. "Treaty Design, Implementation, and Compliance Benchmarking Economic Benefit: A Framework as Applied to the Cape Town Convention," [2012] *Uniform Law Review* 633.

——. 2014. "Compliance with Transnational Commercial Law Treaties: A Framework as Applied to the Cape Town Convention," 3(1) *Cape Town Convention Journal* 5.

Wool, Jeffrey and Andrej Jonovic. 2013. "The Relationship between Transnational Commercial Law Treaties and National Law: A Framework as Applied to the Cape Town Convention," 2(1) *Cape Town Convention Journal* 65.

Zasu, Yoshinobu and Ikumi Sato. 2012. "Providing Credibility around the World: Effective Devices of the Cape Town Convention," 33(3) *European Journal of Law and Economics* 577.

C UNIDROIT 資料

1988 C. D. 67-Doc. 18. "Governing Council 67th Session (Rome, 14 to 17 June 1988): Report on the Session (prepared by the Secretariat) - July 1988."

1992 Study LXXII-Doc. 5. "Restricted Exploratory Working Group to Examine the Feasibility of Drawing up Uniform Rules on Certain International Aspects of Security Interests in Mobile Equipment: Report (adopted by the Working Group on 11 March 1992) - March 1992."

1993 Study LXXII-Doc. 6 Add. 2. "Study Group for the Preparation of Uniform Rules on Certain International Aspects of Security Interests in Mobile Equipment. Memorandum (for the attention of the Study Group at its first session): Addendum (Comments of the European Bank for Reconstruction and Development) - February 1993."

1993 Study LXXII-Doc. 8. "Study Group for the Preparation of Uniform Rules on Certain International Aspects of Security Interests in Mobile Equipment. Memorandum on a proposed UNIDROIT Convention on Security Interests in Mobile Equipment, prepared by Professor R. C. C. Cuming (University of Saskatchewan) - November 1993."

1994 Study LXXII-Doc. 12. "Study Group for the Preparation of Uniform Rules on Certain International Aspects of Security Interests in Mobile Equipment. Sub-Committee for the Preparation of a First Draft (First Session: Rome, 14-16 February 1994) Summary Report (prepared by the UNIDROIT Secretariat) - March 1994."

1995 Study LXXII-Doc. 15. "Study Group for the Preparation of Uniform Rules on International Interests in Mobile Equipment: Sub-Committee for the Preparation of a First Draft. Proposals for a first draft (Second session: Rome, 29 November - 1 December 1994). Summary report (prepared by the UNIDROIT Secretariat) - February 1995."

1995 Study LXXII-Doc. 16. "Study Group for the Preparation of Uniform Rules on International Interests in Mobile Equipment: Sub-Committee for the Preparation of a First Draft. Memorandum prepared jointly by Airbus Industrie and The Boeing Company on behalf of an aviation working group - May 1995."

1995 Study LXXII-Doc. 21. "Study Group for the Preparation of Uniform Rules on International Interests in Mobile Equipment: Sub-Committee for the Preparation of a First Draft. (Third session: Rome, 11-13 October 1995). Summary report (prepared by the UNIDROIT Secretariat) - November 1995."

1996 Study LXXII-Doc. 23. "Study Group for the Preparation of Uniform Rules on International Interests in Mobile Equipment. Second Memorandum prepared jointly by Airbus Industrie and the Boeing Company on behalf of the aviation working group - March 1996."

1996 Study LXXII-Doc. 25. "Study Group for the Preparation of Uniform Rules on International Interests in Mobile Equipment. Second Memorandum prepared jointly by Airbus Industrie and the Boeing Company on behalf of the aviation working group: Summary of principal concepts, prepared by Mr Jeffrey Wool (expert consultant to the Study Group on international aviation finance matters) - March 1996."

1996 Study LXXII-Doc. 27. "Study Group for the Preparation of Uniform Rules on International Interests in Mobile Equipment. First set of draft articles of a future UNIDROIT Convention on International Interests in Mobile Equipment (Second session: Rome, 12-16 April 1996): Report (prepared by the UNIDROIT Secretariat) - July 1996."

1996 Study LXXII-Doc. 29. "Study Group for the Preparation of Uniform Rules on International Interests in Mobile Equipment. Consideration of the case for the exclusion of registered ships from the sphere of application of the future Convention (Secretariat memorandum) - August 1996."

1996 Study LXXII-Doc. 30. "Study Group for the Preparation of Uniform Rules on International Interests in Mobile Equipment. Revised draft articles of a future UNIDROIT Convention on International Interests in Mobile Equipment (proposed by the Drafting Group in the light of the Study Group's reading at its second session of the first set of draft articles established by the Sub-committee in conjunction with the recommendations of the Aviation Working Group) with Introductory remarks (prepared by the UNIDROIT Secretariat) - December 1996."

1996 Study LXXII-Doc. 32. "Study Group for the Preparation of Uniform Rules on International Interests in Mobile Equipment. Revised draft articles of a future UNIDROIT Convention on International Interests in Mobile Equipment (proposed by the Drafting

Group in the light of the Study Group's reading at its second session of the first set of draft articles established by the Sub-committee in conjunction with the recommendations of the Aviation Working Group): Comments (by the Aviation Working Group and the International Air Transport Association) - December 1996."
1997 Study LXXII-Doc. 32 Add. 2. "Study Group for the Preparation of Uniform Rules on International Interests in Mobile Equipment. Revised draft articles of a future UNIDROIT Convention on International Interests in Mobile Equipment (proposed by the Drafting Group in the light of the Study Group's reading at its second session of the first set of draft articles established by the Sub-committee in conjunction with the recommendations of the Aviation Working Group): Comments (by the Aviation Working Group and the International Air Transport Association) - January 1997."
1997 Study LXXII-Doc. 36 Add. 3. "Study Group for the preparation of uniform rules on international interests in mobile equipment. Revised draft articles of a future UNIDROIT Convention on International Interests in Mobile Equipment (as proposed by the Drafting Group at its fourth session, held in Würzburg from 24 to 26 July 1997): Comments (by the Aircraft Protocol Group) - Rome, October 1997."

この他、本稿において引用することはなかったが、ケープタウン条約・航空機議定書に関する主な邦語文献として以下のものがある。

呉蔚然「可動物件の国際権益に関する条約について」六甲台論集法学政治学篇51巻1号41頁(2004).
國生一彦『コモンローによる最新国際金融法務読本』(商事法務、2011).
小塚荘一郎「資産担保金融の制度的条件」私法66号104頁(2004).
佐藤育己＝座主祥伸「『スタンダード』ではなく『ルール』を：航空機ファイナンスにおける国際統一担保制度確立のためのケープタウン条約起草上の工夫」齋藤彰編『市場と適応(水平的秩序2)』128頁(法律文化社、2007).
増田晋「可動物件の国際的権益に関する条約が採択される：航空機ファイナンス・リースに朗報」Lease 31巻1号2頁(2002).
皆川利雄「可動物件の国際的権益に関するユニドロワ条約草案について：第2回政府専門家会議出席報告(1・2)」Lease 28巻10号2頁・29巻3号2頁(1999・2000).
八尾晃「可動物件の国際的権益条約と権利登録システム」国際商取引学会年報6号20頁(2004).
リース事業協会「可動物件の国際的権益に関するユニドロワ条約草案について：第3回政府専門家会議における審議内容」Lease 29巻8号5頁(2000).
渡辺祥司「航空機ファイナンスに関するユニドロア条約案について」空法41号4635頁(2000).

人名・事項索引

【邦文】

あ 行

か 行

さ　行

た　行

な　行

は　行

ま　行

や　行

ら　行

わ　行

【欧文】

◆著者紹介

佐藤　育己（SATO, Ikumi）

2004年３月　関西大学法学部法律学科 卒業
2012年３月　神戸大学大学院法学研究科博士課程後期課程理論法学専攻 単位取得退学
2012年４月　一般財団法人知的財産研究所特別研究員（2014年３月まで）
現　　在　京都産業大学法学部助教、博士（法学）
　　　　　国際私法

Horitsu Bunka Sha

航空機ファイナンスにおける担保制度統一の分析
――ケープタウン条約の挑戦

2016年３月25日　初版第１刷発行

著　者　佐藤育己（さとう いくみ）
発行者　田靡純子
発行所　株式会社 法律文化社

〒603-8053
京都市北区上賀茂岩ヶ垣内町71
電話 075(791)7131　FAX 075(721)8400
http://www.hou-bun.com/

＊乱丁など不良本がありましたら、ご連絡ください。
　お取り替えいたします。

印刷：共同印刷工業㈱／製本：㈱藤沢製本
装幀：奥野　章

ISBN 978-4-589-03736-7